Plutarch: Freunde und Feinde

OPUSCULA
6

In der Reihe OPUSCULA sind bisher
fünf Ausgaben erschienen:

Bd. 1: Julian Apostata:
Rede zu Ehren der Kaiserin Eusebia, zweisprachig (2021)
ISBN 978-3939526-44-5

Bd. 2: Symeon Seth: Fabelbuch, zweisprachig (2021)
ISBN 978-3-939526-46-9

Bd. 3: Periplus Maris Erythraei, zweisprachig (2021)
ISBN 978-3-939526-47-6

Bd. 4: Plutarch: De fluviis, zweisprachig (2022)
ISBN 978-3-939526-50-6

Bd. 5: Arrianos / Anonymus: Periplus Ponti Euxini. zweisprachig (2022)
ISBN 978-3-939526-51-3

Plutarch von Chaironeia

Freunde und Feinde

DREI SCHRIFTEN AUS DEN MORALIA

Übersetzt
von Marion Giebel

Kartoffeldruck-Verlag
Speyer 2023

Bibliografische Information der Deutschen Nationalbibliothek

Die Deutsche Nationalbibliothek verzeichnet diese Publikation in der Deutschen Nationalbibliografie; detaillierte bibliografische Daten sind im Internet über http://dnb.d-nb.de abrufbar.

Der Kartoffeldruck-Verlag publiziert zum reinen Selbstkostenpreis Bücher, die in jeder Buchhandlung bestellt werden können – insbesondere für Expertinnen und Experten in Altertumswissenschaft und Schule.

2023

www.kartoffeldruck-verlag.de
ISBN 978-3-939526-53-7

Inhalt

Einführung 7

Plutarch

I Soll man viele Freunde haben? 15

II Wie man Nutzen zieht aus seinen Feinden 29

III Wie man den Schmeichler vom Freund unterscheidet 47

Literaturverzeichnis 111

Einführung

Die Freundschaft ist ein hohes Gut – darin ist man sich bis heute einig. Schon vom Gilgamesch-Epos an über Homer zu Aristoteles und Cicero gilt die Freundschaft als ein notwendiger Halt im Leben: Der Freund ist geradezu unser zweites Ich, ein *alter ego*. Und der nimmt die Sonne aus der Welt, der die Freundschaft aus dem Leben nimmt.* Doch darf man diesen hohen Wert auch einmal kritisch hinterfragen? Gibt es Grenzen in der Freundschaft, Schattenseiten, einen zweifelhaften Nutzen von so mancher Freundschaft, wenn man auf raffinierte Scheinfreunde trifft – und – eine überraschende Ansicht – können einem die Feinde mitunter mehr Nutzen bringen als die Freunde?

Plutarch, der Grieche in der römischen Kaiserzeit (um 46–125 n. Chr.), hatte viele Freunde, denen er seine Schriften und Briefe widmete, bis hin zu Kaiser Trajan (98–117 n. Chr.). Zu ihm und den Personen in dessen Umgebung hatte er enge Beziehungen während seines längeren Aufenthalts in Rom. Plutarch stammte aus Chaironeia in Böotien (Mittelgriechenland), wo heute noch das Löwendenkmal zu sehen ist. Es erinnert an die Schlacht von Chaironeia, wo die Griechen 338 v. Chr. von Philipp und Alexander von Makedonien vernichtend geschlagen worden waren. Es war das Ende der politischen Autonomie der Griechen, die dann unter die Herrschaft der Römer kamen. Doch dem treffenden Ausspruch des Horaz zufolge zähmte, d. h. kultivierte Hellas den rauen Besieger.** Dichter, Philosophen, Wissenschaftler und Künstler kamen als Kulturbotschafter ins Römerreich, und als einen von diesen kann man auch Plutarch sehen. Er hatte an der platonischen Akademie in Athen studiert, deren undogmatische Ausrichtung, die »skeptische Akademie«, seinem Wesen entsprach. Aber er fühlte sich auch von stoischem Gedankengut angesprochen: der Mensch als Gemeinschaftswesen, das sich die-

* Cicero, *Laelius oder über die Freundschaft* (Cic. *Lael.*) 21,80; 12,47.

** Horaz, *Episteln* 2,1,156f.

ser Gemeinschaft verpflichtet fühlen und sich nach seinen Kräften und Fähigkeiten einbringen muss. Was ihm freilich als kein philosophisches Dogma, sondern als eine allgemein menschliche Aufgabe erschien. So übernahm er auch Ämter in seiner Heimat, wie die Aufsicht über das Bauwesen in Chaironeia, ein Amt als Oberpriester des Apollon in Delphi und den Vorsitz in einem Bürgergremium. Während seiner mehrfachen längeren Aufenthalte in Rom hielt er Lehrvorträge, betrieb Studien über römische Bräuche, über die er dann die Römer belehren konnte, und begann das Werk, das ihm den größten Ruhm eintragen sollte: die Parallelbiographien berühmter Griechen und Römer, wie Alexander und Caesar, Demosthenes und Cicero, die er jeweils auf Augenhöhe einander gegenüberstellte. Shakespeares Dramen *Julius Caesar, Coriolan, Antonius und Kleopatra* zeigen die dramatische Wirkung, die von Plutarchs Darstellung ausging.

Plutarch war in Rom sehr angesehen – er erhielt das römische Bürgerrecht, und seine Sammlung der Denksprüche von Königen und Feldherrn, dem Kaiser Trajan gewidmet, war von diesem wohlwollend angenommen worden. Und er fand dort Bibliotheken und Forschungsstätten aller Art vor, aber es zog es ihn dennoch wieder in sein heimatliches Chaironeia zurück. Auf die Frage, warum er denn in dieser kleinen Stadt bleiben wolle, soll er geantwortet haben: »Damit sie nicht noch kleiner wird!«* Er gründete hier eine »Privatakademie« mit interessierten, vor allem jungen Hörern, auch Hörerinnen, mit denen er in Lehrvorträgen und Diskussionen wissenschaftliche oder allgemein interessierende Fragen behandelte. Auch im brieflichen Austausch mit Freunden kam vieles zur Sprache, das von ihm in Pro und Contra abgehandelt wurde. So hat der Freund Euphanes sich offenbar einreden lassen, er sei ja alt und zu nichts mehr nütze und müsse sich zurückziehen von allem. Plutarch ist offenbar auch schon in fortgeschrittenem Alter, aber in seiner Antwort: »Ob man als Älterer noch tätig sein soll?«** plädiert er nachdrücklich für eine sinnvolle Tätigkeit eines älteren Menschen, der seine Erfahrungen auf vielerlei Weise einbringen kann. Zum Nutzen der Jünge-

* Plutarch: *Vita des Demosthenes* 2.

** Giebel: Plutarch, *Arbeiten im Alter?* 2019; siehe Literaturverzeichnis.

ren und zur eigenen Zufriedenheit, was heute auch für Senioren empfohlen wird.

Ein anderer Freund, der Römer Fundanus, hat eine Neigung zu Zornausbrüchen, mit denen er seiner Umgebung und sich selbst auf die Nerven geht. Schlaue Bücher zu lesen hat nichts geholfen – nun wird er sein eigener Therapeut (oder Plutarch als Ghostwriter?).* Er beobachtet sich und andere bei ihren Zornattacken, die offenbar ein krankhafter Zustand sind und oft dem Anlass gar nicht angemessen. So wie etwa das Schimpfen und Strafen den Sklaven gegenüber. Oder wenn man sich zurückgesetzt fühlt – was oft nur in der eigenen Einbildung existiert. Also einmal genau hinschauen – das eigene Selbstwertgefühl stärken durch den Abbau aller solcher falschen Vorstellungen, und damit gewinnt man Gelassenheit und kann Geduld und Nachsicht – Menschenfreundlichkeit – gegenüber seiner Mitwelt üben: was wiederum einem selbst zugute kommt.

In der derzeitigen Diskussion um das Tierwohl muss die Stimme Plutarchs gehört werden, der Tiere als Mitgeschöpfe sieht und eine entsprechende Behandlung, im besten Falle sogar Vegetarismus fordert.** Auch in den heutigen Debatten über eine positive Lebensgestaltung: Wie werde ich glücklich, erfolgreich, wie gehe ich mit anderen, mit mir selbst um, kann Plutarch als Ratgeber, als »Couch«, dienen. Da müssen, so meint er, erst einmal falsche Vorstellungen ausgeräumt, die Realität nüchtern eingeschätzt werden, und dann kann man sich ein Programm machen, was man erreichen will, wie man mit seinen vorhandenen Mitteln umgeht und welche Chancen auf Erfolg man hat.***

Da wird man zunächst einmal die Mitmenschen ins Visier nehmen: Freunde zu haben ist nützlich, als Seelenwärmer oder als Türöffner. Und wenn Freunde so wichtig sind, hat man doch am besten recht viele, oder? Plutarch ist skeptisch – zur Freundschaft gehört doch ein Füreinander – wie sieht das dann bei einer Vielzahl

---

* Giebel: Plutarch, *Wie man den Zorn besiegt. 2023.*

** Giebel: Plutarch, *Darf man Tiere essen?* 2015.

*** Giebel: Plutarch: *Glücklichsein.* 2018.

von Freunden in der Praxis aus? Er bringt anschauliche Beispiele, wie der Freund dann, hin und hergerissen zwischen Hochzeit und Beerdigung, Gerichtsverhandlung und Handelsreise, seinen Pflichten nachkommen soll. Keinen Nutzen bringt es, meint er, eine Vielzahl von Freunden zu haben, und diese Freundschaften auch noch rasch und unüberlegt zu schließen, wobei man selbst in Schwierigkeiten kommen kann.

Das wird auch heute bestätigt werden: Wer viele Facebook-Freunde in sozialen Netzwerken hat, kann sich dadurch unter Druck gesetzt fühlen. Bei Online-Posts von solchen Freunden, die man nicht einmal persönlich gesehen hat, die aber nun von Notlagen berichten und an die »Freundschaft« appellieren, wird man sich recht unbehaglich fühlen. Auch das gewünschte Einsteigen in bestimmte Geschäfte sorgt für Unbehagen. Und das »Aussteigen« ist auf elektronischem Wege auch nicht einfach. Man wird also Plutarch recht geben müssen, wenn er den Nutzen bei einer Vielzahl von Freunden in Frage stellt.

Es bringt aber Nutzen, meint er, wenn man auf seine Feinde blickt – also etwa Konkurrenten und Rivalen bei der Bewerbung um Ämter auf kommunaler Ebene oder in der römischen Verwaltung – und sich von denen den Spiegel vorhalten lässt und daraufhin seine Fehler ablegt. Die Wahrheit über sich selbst hört man oft eher von seinen Feinden als von seinen Freunden.

Auch diese Ansicht Plutarchs wird man aus heutiger Sicht bestätigen können. Politiker, etwa im Wahlkampf, schauen besser auf die Haltung ihrer Gegner und deren Akzeptanz durch die Bürger und ändern gegebenenfalls ihre Art des Auftretens, anstatt sich auf die vorgegebene Linie ihrer Freunde zu verlassen.

Doch schlimmer noch als offene Feinde und Gegner sind vielfach Scheinfreunde, die der Eigenliebe Zucker geben. In der Komödie lacht man über den Typ des Schmarotzers mit seinen dummdreisten, vom Zuschauer leicht durchschaubaren Machenschaften. Doch Plutarch warnt vor raffinierten Schmeichlern, die geradezu Gehirnwäsche betreiben, um ihre Opfer an sich zu binden. Kaiser Julian Apostata, der Plutarch zu seinen Lieblingsautoren zählte, lässt sogar die Götter auftreten, um ihn als jungen Mann, noch weit von der Kaiserwürde entfernt, zu warnen: »Sei nüchtern und wachsam, damit dich nicht, ohne es zu merken, durch die freimütige Redeweise eines Freundes der Schmeichler betrügt.«* Man wird heute an Lobbyisten und Influencer denken, die anderen einreden, sie selbst seien nicht mehr »in«, oder ihre Firma nicht mehr wettbewerbsfähig, wenn sie nicht dieses Produkt oder jenes Modell verwenden. Was dann durch entsprechende Posts in den Medien verstärkt wird.

Plutarch schildert, oft amüsant, das Auftreten solcher »allzu guten Freunde« und gibt aus seiner Sicht eingehende Ratschläge, wie man solche »Jasager« durchschauen kann. Er stellt ihren Schmeicheleien die Art echter Freunde gegenüber. Diese reden frei von der Leber weg, werden auch manchmal recht deutlich, wenn sie den Freund auf Fehler hinweisen. Doch diese »freie Rede« (*parrhesia*) entspricht dem Vorgehen eines Arztes, der zur Heilung mitunter auch einen schmerzhaften Eingriff vornehmen muss.

Plutarch hat hierfür freilich auch wieder einen guten Rat bereit. Kritik zu üben muss mit Überlegung betrieben werden, sonst zieht sich der andere, der sich angegriffen fühlt, beleidigt zurück und reagiert nicht. Am Ende muss eine Ermunterung stehen. So heißt es auch heute, dass man, etwa im beruflichen Umfeld, seine Kritik »verpacken« sollte: Der andere habe ja in vielem durchaus recht, aber man sollte dies alles noch einmal einzeln behandeln und werde dann zu einer konstruktiven Lösung kommen. So wird der andere nicht »zumachen«, sondern gesprächsbereit bleiben.

---

* Julian Apostata: *Or.* 7 (362 n. Chr.), Rede an den Kyniker Herakleios, im sog. Mustermythos, Kap. 22–23, 233A. Die Aufforderung, nüchtern und wachsam zu sein, findet sich auch in den Apostelbriefen, so Paulus, Thess. 1,5,6 sowie 1. Petr. 5,8: »Seid nüchtern und wachet, denn euer Gegner, der Teufel (*diabolos*) geht umher wie ein brüllender Löwe und sucht, wen er verschlinge.«

Man hat Plutarchs höchst umfangreicher Sammlung von Schriften den Namen *Moralia* gegeben, was freilich nicht auf Moralpredigten weist, sondern darauf, dass bei der Zusammenstellung der thematisch höchst unterschiedlichen Schriften* ethisch-philosophische Titel am Anfang standen. Man kann *Moralia* aber durchaus auch für Plutarchs ganze Sammlung gelten lassen. Denn die Philosophie, die Ethik, muss Plutarch zufolge einen Sitz im Leben haben, wie es schon Sokrates gefordert hat. Und bei Plutarch soll der Umgang der Menschen miteinander, ja sogar mit den Tieren, auf einer ethischen Grundlage beruhen. So bildet Plutarchs Sammlung mit ihren weitgefächerten Themen, meist in einem leichten Gesprächston vorgetragen, mit *common sense*, wie es seiner undoktrinären, humanen Persönlichkeit entspricht, eine »Schatztruhe« (Alexander Demandt)**, aus der man sich jederzeit bedienen kann.

* Von dem byzantinischen Gelehrten Maximos Planudes (um 1300 n. Chr.), vgl. Herbert Hunger u. a.: Die Textüberlieferung der antiken Literatur und der Bibel. München 1975, S. 196ff. – Die Paragraphenzählung entspricht der sog. Stephanuszählung, nach dem Humanisten Henricus Stephanus 1572.

** Demandt in einem Brief an die Übersetzerin.

PLUTARCHOS VON CHAIRONEIA

DREI SCHRIFTEN ÜBER FREUNDE UND FEINDE

I. Soll man viele Freunde haben?

1. [93A] Der Thessalier Menon, der glaubte, er habe es in der Begriffsbestimmung weit gebracht und – nach dem bekannten Ausspruch des Empedokles [93B],

> er throne auf den Höhen der Weisheit,

der nun wurde von Sokrates gefragt, was die Tugend sei. Er antwortete dreist und unbekümmert, es gebe eine Tugend eines Kindes, eines alten Menschen, eines Mannes und einer Frau, eines Amtsinhabers und eines Privatmannes, eines Herrn und eines Sklaven. »Na gut«, antwortete Sokrates, »du bist nach einer Tugend gefragt worden und hast gleich einen ganzen Schwarm von Tugenden aufgescheucht!« Damit deutete er ganz richtig darauf hin, dass der Mann da, eben weil er im Grunde keine einzige Tugend kenne, so viele aufgebracht habe.*

Aber könnte man nicht auch über uns spöttisch urteilen, die wir nicht einmal eine wahre Freundschaft besitzen, aber befürchten, wir könnten unvermerkt auf einmal in eine ganze Fülle von Freundschaften hineingeraten. Wir unterscheiden uns da kaum von einem, der nicht mehr alle Gliedmaßen hat oder blind ist [93C], aber befürchtet, er würde auf einmal ein Briareus werden mit hundert Armen oder ein Argos, der alles sieht.** Und dabei loben und preisen wir wieder alle den jungen Mann im Theaterstück des Menander, wenn er sagt: »Es glaubt doch ein jeder, ein

* Vgl. Platons Dialog *Menon* 70d–72b. Es geht darum, ob die Tugend lehrbar sei, was schließlich abgelehnt wird. Plutarch tritt in seiner Schrift: *Kann die Tugend gelehrt werden* mor. 439A–440C, mit Nachdruck dafür ein, dass sie lehrbar und erlernbar sei. – Viele/eine deutet voraus auf Plutarchs Freundschaftsbegriff.

** Briareus: einer der Titanen oder Giganten, die gegen die olympischen Götter kämpften und in den Tartaros, die Unterwelt, verbannt wurden. Argos: ein Urenkel des Zeus, mit unzähligen Augen (»Argus-Augen«), die Hera später auf die Federn der Pfauen versetzt haben soll.

bewundernswertes Gut gefunden zu haben, wenn er auch nur den Schatten einer Freundschaft besitzt.«*

2. Was uns aber, außer manch anderem, hauptsächlich davon abhält, eine feste Freundschaft einzugehen, das ist unser Bestreben, möglichst viele Freunde zu haben (*polyphilía*). Das ist wie bei recht freizügigen Frauen: Da sie sich vielmals und mit vielen einlassen, können sie ihre früheren Liebhaber nicht halten, die sich vernachlässigt fühlten und sich davongemacht haben. Oder es ist vielmehr wie bei dem kleinen Zögling der Hypsipyle**, der sich auf eine Wiese gesetzt hat und [93D]

> Blumen abpflückt, eine nach der anderen,
> ganze Hände voll, frohen Herzens,
> unersättlich, wie Kinder eben so sind.

So ist es mit uns allen: Wir sind stets auf Neues aus, empfinden aber auch rasch wieder Überdruss. Daher lockt uns sozusagen eine neue Blüte der Freundschaft an und lässt uns viele freundschaftliche Beziehungen aufgeben, die wir gerade schließen wollten, denn wir jagen nun unserer neuen Liebe nach und übergehen denjenigen, den wir uns gerade vorher zum Freund gewonnen hatten.

Doch um zunächst, wie man so sagt, drinnen am Herd zu beginnen,*** schauen wir uns erst einmal an, was uns die Geschichte über das Leben treuer Freunde überliefert hat. Als Zeugen und

---

* Ausführlicher zitiert in Plutarch *Über die Bruderliebe* mor. 479C, aus einem Fragment des Komödiendichters Menander: »Sind wir nicht, ob bei nächtlichen Trinkgelagen und bei Gastmählern am Tage, immer auf der Suche nach jemand, mein Vater, dem wir unser Leben anvertrauen können. Glaubt nicht ein jeder, ein überreiches Gut gewonnen zu haben, wenn er auch nur den Schatten eines Freundes besitzt?«

** Königin von Lemnos, bekannt durch ihre Liebe zum Argonautenführer Jason, lebte als Verbannte in Nemea und hütete den kleinen Königssohn Opheltes oder Archemoros, vgl. Apollodor 3,64ff.. – Verszeilen aus unbekannten oder verlorenen Dramen – wie hier: wohl nach der nicht erhaltenen Tragödie *Hypsipyle* des Euripides – werden im Folgenden nicht eigens benannt, sofern dies zum Verständnis nicht nötig ist.

*** Hestia, der Herd, Sitz der Göttin Hestia, röm. Vesta, die das Herdfeuer hütet und bei jedem staatlichen wie häuslichen Opfer als erste angerufen wurde.

Ratgeber bei unserer Diskussion wollen wir uns jene fernen alten Zeiten wählen, aus denen uns von unzertrennlichen Freundespaaren berichtet wird. Da sind Theseus und Peirithoos,* [93E] Achilleus und Patroklos, Orestes und Pylades, Phintias und Damon, und Epaminondas und Pelopidas.

Die Freundschaft ist zwar ein geselliges Lebewesen, aber sie ist kein Herdenvieh und kein Krähenschwarm. Wenn man den Freund als sein anderes Selbst betrachtet, ihn als sein zweites Ich anspricht,** dann lässt sich kein anderes Maß für die Freundschaft nehmen als die Zweiheit. Mit kleiner Münze kann man weder viele Sklaven noch viele Freunde erwerben. Was ist nun die Münze für die Freundschaft? Zuneigung und Freundlichkeit, verbunden mit Tugend, also mit Tüchtigkeit und Redlichkeit – was freilich in der Welt mehr als selten ist. Daher kann es eine tiefe gegenseitige Freundschaft unter Vielen einfach nicht geben.

---

* Dem Königssohn von Athen, Theseus, folgte sein Freund Peirithoos sogar in die Unterwelt, um die Göttin Persephone von dort zu entführen. Vgl. hier 96C. Das berühmteste Freundespaar im Trojanischen Krieg: Achill und Patroklos. Orestes, der Sohn König Agamemnons von Mykene, rächte seinen Vater, der bei seiner Rückkehr vom Trojanischen Krieg von Ägisth, dem Liebhaber seiner Frau Klytämnestra, ermordet worden war. Orest tötete beide und wurde wegen Muttermordes von den Erynnien, den Rachegeistern, verfolgt und mit Wahnsinn geschlagen. Er musste fliehen und wurde von Pylades treu begleitet. Phintias und Damon: vgl. Schillers Gedicht *Die Bürgschaft*: »Zu Dionys dem Tyrannen schlich Damon, den Dolch im Gewande.« Damon wird ergriffen und zum Tod verurteilt; er bittet um einen Aufschub wegen eines dringenden Besuchs bei seiner Familie. Phintias übernimmt die Bürgschaft für eine rechtzeitige Rückkehr, die aber durch widrige Umstände beinahe gescheitert wäre. Der gerührte Tyrann gewährt beiden Freunden die Freiheit und wünscht sich, der Dritte in ihrem Bunde zu sein. Epaminondas und Pelopidas kämpften gemeinsam für ihre Vaterstadt Theben, vgl. Plutarchs *Vita des Pelopidas*.

** Der bekannte Ausspruch: »Der Freund ist gleichsam unser zweites, anderes Ich« ist bezeugt von Zenon, dem Begründer der stoischen Philosophie; vgl. Diogenes Laertios: Leben und Lehre der Philosophen [= DL] 7,1–160. Bei Cicero, *Laelius De amicitia – Über die Freundschaft*: *Verus amicus est tamquam alter idem* (21,80f.). Bei Aristoteles: *Nikomachische Ethik* 9, 1166a 32; 1170b 7.

Wenn sich Flüsse [93F] in zahlreiche Seitenarme und Kanäle teilen, dann fließen sie schwach und seicht dahin. So wird auch die Freundesliebe, die als ein starkes Gefühl in unsere Seele eingepflanzt ist, völlig abgeschwächt, wenn wir sie auf zu viele verteilen.

So ist es ja auch bei den Tieren: Die jeweils nur ein Junges zur Welt bringen, lieben es intensiver als andere. Und Homer nennt einen besonders geliebten Sohn den [94A] »einzigen, spät geborenen«*, das heißt also den, der den Eltern geboren wurde, als sie keinen anderen mehr hatten oder haben konnten.

3. Wir verlangen zwar nicht, unser Freund solle ganz und gar der einzige sein, doch soll er unter anderem schon etwas von einem »Spätgeborenen« an sich haben, im Alter erst gezeugt, insofern als er genügend Zeit gehabt hatte, mit uns jenen Scheffel Salz zu essen, gemäß dem bekannten Sprichwort, dass man einen Freund erst dann richtig kennt, wenn man einen Scheffel Salz mit ihm gegessen hat.** Wir sollten es nicht machen wie heutzutage, wo sich viele schon Freunde nennen, wenn sie einmal ein Glas miteinander getrunken, Ball oder Würfel gespielt oder eine Nacht unter dem gleichen Dach verbracht haben. Sie lesen sich ihre Freundschaften in der Kneipe, auf dem Sportplatz und auf dem Markt auf. In den Häusern der Reichen und Mächtigen sieht man eine lärmende Menge von Besuchern, die ihnen da ihre Aufwartung machen, Hände schütteln und die Rolle einer Leibgarde spielen, und man preist die Reichen glücklich, weil sie so viele Freunde haben. [94B] Doch eine noch größere Anzahl von Fliegen kann man in den Küchen dieser Leute sehen. Die Fliegen aber machen sich fort, wenn es keine leckeren Gerichte mehr gibt, ebenso macht es der Hofstaat, wenn es keinen Vorteil mehr zu gewinnen gibt.

---

* Homer, *Ilias* 9,482; *Odyssee* 16,19; Simonides Frg. 11d: Der Sänger umfasst die Lyra an ihren beiden Armen sorgsam und hocherfreut wie eine Mutter es tut mit dem spätgeborenen Sohn.

** Vgl. Plutarch, *Über die Bruderliebe* mor. 482B, auch bei Aristoteles, *Nikomachische Ethik* 8,3, 1156b 27 und Cic. *Lael.* 19,67. – Entsprechend dem Scheffel Salz braucht es nach der Aussage mancher heutiger Wissenschaft mindestens 30 gemeinsam verbrachte Stunden, um aus einem Bekannten einen Freund zu machen und rund 200 Stunden, um ein guter Freund zu werden.

Wahre Freundschaft aber sucht vor allem drei Dinge: die Tugend, also Tüchtigkeit und Redlichkeit, als einen Wert für sich, den vertrauten Umgang als Quelle der Freude und den Nutzen als etwas Notwendiges. Man muss ja einen Freund genau prüfen, bevor man die Freundschaft mit ihm eingeht, man muss Freude haben an seiner Gesellschaft und auf ihn rechnen können im Notfall. Das alles ist bei einer Vielzahl von Freunden aber nicht möglich, vor allem was das Kernstück angeht, die vorherige sorgfältige Prüfung. Wir sollten uns zunächst als Beispiel einmal Folgendes überlegen: Ist das möglich –, innerhalb kurzer Zeit Tänzer zu prüfen, die gemeinsam einen Reigen tanzen, Ruderer, die im gleichen Takt rudern sollen, Diener, die Vermögensverwalter oder Kindererzieher werden sollen? [94C] Noch viel weniger geht das für eine Vielzahl von Freunden, die sich rüsten sollen, um gemeinsam mit uns alle Kämpfe des Lebens zu bestehen, wobei ein jeder, wie es im Drama heißt,

> den anderen an seinem Wohlergehen teilnehmen lässt
> und auch das Unglück mit trägt, ohne zu klagen.

Ein Schiff, einmal ins Meer gezogen, hat viele Stürme zu bestehen, Festungswälle versieht man mit Mauerzinnen, Häfen mit Dämmen und Molen, um sie abzusichern gegen viele und große Gefahren. Doch noch größer sind die Gefährdungen, vor denen die Freundschaft Zuflucht und Hilfe verspricht, wenn sie zuvor auf ihren sicheren Bestand geprüft wurde.

Wenn sich aber welche ungeprüft bei uns eingeschlichen und sich bei der Prüfung als falsche Münzen erwiesen haben, dann gilt das Wort des Dichters:

> Die sie los geworden sind,
> freuen sich, die anderen, die auf ihnen sitzen geblieben sind,
> beten, um davon loszukommen.

[94D] Darin liegt aber die Schwierigkeit: Es ist keineswegs leicht, aus einer unwillkommenen Freundschaft herauszukommen oder sie zu beenden. Wie man schädliche und unbekömmliche Nahrung weder bei sich behalten kann, ohne Pein oder Schaden zu erleiden, sie aber auch nicht so, wie man sie zu sich genommen hat, wieder los wird, sondern nur als ekliges, widerwärtiges Gemengsel, so ist es auch mit einem üblen Freund: Entweder er bleibt da und macht uns Kummer und Schimpf und Schande, oder man wirft ihn gewaltsam hinaus, dann gibt es Feindseligkeit und Groll, wie bittere Galle.*

4. Daher sollten wir nicht gleich aus jeder Zufallsbekanntschaft eine enge Freundschaft werden lassen, und wir sollten auch nicht die lieben, die unsere Freundschaft suchen, sondern uns selbst Würdige als Freunde aussuchen. [94E] Was sich so leicht gewinnen lässt, das sollte man überhaupt nicht nehmen. Es hängen sich ja auch Kletten und Dornenranken an uns, aber wir treten sie nieder und streifen sie ab auf unserem Weg zum Ölbaum und zum Weinstock. Ebenso ist es ratsam, nicht den zum innig vertrauten Freund zu machen, der sich bereitwillig an uns anhängt – wir sollten uns an diejenigen anschließen, von denen wir nach sorgfältiger Prüfung einen Wert und einen Nutzen für uns versprechen können.

5. Es ist so, wie Zeuxis sagte, als ihm einige vorwarfen, er male so langsam: »Ja, ich gebe es zu, ich brauche lange Zeit für meine Bilder, aber sie sind auch für lange Zeit.«** So wird man auch Freundschaft und vertrauten Umgang nur auf Dauer bewahren können, indem man sie erst schließt, nachdem man viel Zeit darauf verwandt hat, sie zu prüfen.

Es ist also nicht leicht, eine Vielzahl von Freunden einer ausgiebigen Prüfung zu unterziehen – soviel ist klar. Ist es aber nun leicht, mit vielen Freunden gleichzeitig in enger Verbindung zu sein, oder ist das gar nicht möglich? [94F] Nun erwächst ja die Freude an der Freundschaft aus dem vertrauten Umgang mit den Freunden, und das Angenehmste daran ist die Gesellschaft und das tägliche Beisammensein.

> Nicht werden wir mehr lebend, von unsern Gefährten gesondert,
> sitzen und Pläne beraten ...«***

---

* Vgl. Cic. *Lael.* 21,76f.

** Zeuxis von Herakleia, berühmter Maler um 400 v. Chr. Vgl. Plutarch, *Vita des Perikles* 13.

*** So beklagt sich der Schatten des Patroklos, der Achilleus erscheint (Homer,

[95A] Oder wie Menelaos über (den nun fernen) Odysseus sagt:

Nichts hätte
uns beide gestört, unsere Freundschaft in Freuden zu genießen,
bis uns schließlich die schwarze Wolke des Todes umhüllte.«

Was man so gemeinhin einen großen Freundeskreis nennt, das führt aber offenbar zum genauen Gegenteil. Denn wahre Freundschaft führt Menschen zusammen, verbindet sie und vereinigt sie in enger Gemeinschaft durch das ständige Beisammensein und gegenseitiges Erweisen von Zuneigung, »so wie der Feigensaft die weiße Milch gerinnen macht und bindet«, wie Empedokles* sagt, denn gerade solch eine enge Einheit und Verbindung will die Freundschaft ja herstellen.

[95B] Die Vielzahl von Freunden schafft dagegen Aufspaltung, Trennung und Abkehr. Man wird ja hierhin und dorthin gerufen, muss sich bald zu diesem, bald zu jenem hinwenden, und das eben erlaubt nicht jene innige Verschmelzung in gegenseitiger Zuneigung, wie sie sich nur im steten Umgang auf Dauer festigen kann.

Das führt unmittelbar zu einem fehlenden Gleichgewicht, und man gerät in Verlegenheit bei den gegenseitigen Hilfeleistungen. Denn eben das, was nützlich ist an der Freundschaft, verliert seinen Nutzen, wenn zu viele Freunde da sind.

Sorgen lassen den einen so, den anderen so reagieren,

wie es beim Dichter heißt. Unsere Neigungen gehen ja von Natur aus nicht alle in die gleiche Richtung, noch leben wir stets unter dem gleichen Glücksstern. [95C] Die Lebensumstände, die unser Eingreifen erfordern, sind wie die Winde: Die einen geben Rückenwind, die anderen Gegenwind.

Ilias 23,77). Das Folgende bei Homer, *Odyssee* 4,178f.

* Empedokles Frg. DK 31 B 33, vgl. Homer, *Ilias* 5,902f. Empedokles aus Akragas (Sizilien), um 485–425 v. Chr., bedeutend als Naturphilosoph. Aus dem fragmentarisch erhaltenen Werk sind viele Zitate nur bei Plutarch überliefert (vgl. hier am Anfang). Die wirkenden Kräfte, die die Urstoffe bewegen, sind Liebe – hier als Freundschaft –, Hass, Eintracht, Zwietracht. Vgl. DL 8,51–77.

6. Und nehmen wir an, dass alle unsere Freunde zugleich eine Art von Hilfe von uns verlangten, dann wäre es doch hart für uns, ihnen allen Genüge zu tun: wenn sie in einem Beirat sind, eine politische Tätigkeit ausüben, sich um ein Amt bewerben oder offizielle Empfänge ausrichten. Und was, wenn sie zu einem und demselben Zeitpunkt in verschiedene Geschäfte und allerhand Risiken verstrickt wären und alle zusammen unsere Hilfe einforderten? Der eine will eine weite Seereise unternehmen und wir sollen ihn begleiten, der andere sitzt auf der Anklagebank, und wir sollen ihn verteidigen, der nächste ist Richter, und wir sollen mit ihm auf dem Richtertribunal sitzen. Wieder einer möchte, dass wir ihm beim Einkauf oder Verkauf seiner Waren kaufmännische Unterstützung leisten. Und der heiratet, und man soll bei ihm Zeremonienmeister sein, und einen anderen soll man als Trauergast bei einer Beerdigung begleiten. Da ist

> die Stadt erfüllt von Weihrauchduft,
> zugleich von Hymnen und von Trauerklängen.«*

Ja, so ist es, wenn man viele Freunde hat. Allen beizustehen – das ist unmöglich, keinem – das ist unnatürlich, nur einem zu helfen und damit die anderen vor den Kopf zu stoßen, das ist kränkend, . [95D] denn wie Menander sagt:

> Niemand, der selbst jemanden gern hat, mag es,
> wenn man ihn übergeht.

Dennoch nehmen die Leute eine solche Nichtachtung oder Vernachlässigung vonseiten ihrer Freunde ziemlich gelassen hin und lassen sich solche Ausreden, ohne ärgerlich zu werden, gefallen: »Ich hab's vergessen«, oder »ich hab's gar nicht gewusst«. Wenn aber einer sagt: »Ich stand dir nicht bei vor Gericht, weil ich gerade bei der Gerichtsverhandlung eines anderen Freundes dabei sein musste« – oder: »Ich konnte dich nicht besuchen, als du Fieber hattest, weil ich gerade bei dem und dem beschäftigt war, der einen Empfang für seine Freunde gab« – womit er als Grund für seine fehlende Fürsorge die Sorge für einen anderen angibt –, dann wird er sich vom Tadel nicht freimachen können, ja dazu noch Eifersucht erregen.

---

* Sophokles, *König Ödipus* 4.

Es hat ja den Anschein, als betrachteten die meisten Leute ihre Vielzahl an Freunden nur unter dem Gesichtspunkt, was und wie viel sie von ihnen profitieren können, lassen aber außer acht, was diese umgekehrt von ihnen fordern können. [95E] Sie bedenken nicht, dass jemand, der für sich und seine Bedürfnisse die Hilfe vieler in Anspruch nimmt, auch diesen vielen wiederum Hilfe leisten muss, wenn sie es brauchen. Wie demnach Briareus,* der mit seinen hundert Händen seinen fünfzig Körpern Nahrung zuträgt, nichts vor uns voraushat, die wir mit zwei Händen einen Magen füllen müssen: Wenn man nämlich die Dienste vieler in Anspruch nimmt, dann ist man auch eingebunden in eine Dienstbarkeit für viele: Man muss sich mitärgern, sich mitplagen, mitleiden. Man darf daher Euripides nicht zustimmen, wenn er sagt:

> Nur maßvoll geknüpft sollte das Band stets
> Sein, welches den Freund mit dem Freunde vereint,
> Nie fassen das Herz und das innerste Mark.
> Lösbar sei, was das Gemüt anzieht,
> Dass man heut' es verlässt, heut enger verknüpft.**

Als ob man die Freundschaft wie ein Segeltau je nach Bedarf nachlassen und wieder anziehen könnte! [95F] Das wollen wir aber, mein lieber Euripides, doch eher auf die Feindschaften übertragen und dazu raten, »maßvoll« vorzugehen bei unseren Meinungsverschiedenheiten, sie »nicht bis ins innerste Mark des Herzens dringen zu lassen«. Ja, »leicht zu lösen« sollten eher die Gefühle von Hass, Zorn, Tadelsucht und Argwohn sein. Empfiehl uns doch lieber [96A] den Sinnspruch des Pythagoras:*** »Drück' nicht jedem gleich die Hand!«, das heißt, sich nicht zu viele zu Freunden zu machen und nicht überall gleich jedermann als Freund willkommen zu heißen. Aber auch keine Freundschaft zu schließen mit einem einzelnen, bei dem vorauszusehen ist, man werde dabei allerhand auszustehen haben. In einer solchen Beziehung Last und Mühe, Kummer und Ärger

---

* Vgl. Anm. o. S. 15**.

** Euripides, *Hippolytos* 253ff. Übers. J. A. Harting, Leipzig 1848.

*** Pythagoras von Samos, Naturphilosoph, Astronom und Mathematiker (Satz des P.), gründete gegen Ende des 6. Jh. v. Chr. in Kroton in Unteritalien eine philosophisch-religiöse Gemeinschaft, die Pythagoreer. Vgl DL 8, 1–50. sowie Plutarch, *Kindererziehung* 12 mor. 12E.

und Gefahr zu teilen, das ist alles in allem selbst für freie und edle Seelen kaum durchzuhalten.

Der weise Chilon* hatte gar nicht so unrecht, als er einem Mann, der sich rühmte, keinen Feind zu haben, antwortete: »Wahrscheinlich hast du dann auch keinen Freund!« Denn die Feindschaften folgen den Freundschaften auf dem Fuß und sind unlösbar mit ihnen verknüpft.

7. Es ist doch unmöglich für einen Freund, nicht mit zu leiden an den Ungerechtigkeiten, der Missachtung und den Feindseligkeiten, die sein Freund erleidet. [96B] Die Feinde eines Mannes blicken ja von vornherein argwöhnisch und gehässig auf dessen Freund, die anderen Freunde aber sind oft neidisch und eifersüchtig auf einen aus ihrem Freundeskreis und suchen ihn zu verdrängen. So hat das Orakel dem Timesias, der daran ging, eine Kolonie zu gründen, prophezeit:

> Der Schwarm deiner Honigbienen wird sich gar bald
> in Hornissen verwandeln.**

So geraten diejenigen, die einen Schwarm von Freunden suchen, oft unversehens in ein Hornissennest von Feinden.

Von der Dankbarkeit eines Freundes senkt sich die Waage leicht zum nachtragenden Groll eines Feindes [96C]. Man sehe nur, wie Alexander der Große mit den Freunden und Verwandten des Philotas und Parmenion umging,*** Dionysios, der Herrscher von Syrakus, mit denen des Dion, Nero**** mit denen des Plautus und Tiberius

---

* Chilon: einer der Sieben Weisen (vgl. DL 1,65–68), der Spruch auch bei Aristoteles: »Wer Freunde hat, hat gar keinen Freund.« (DL 5,21).

** Herodot zufolge gründete Timesios (so hier) die Stadt Abdera in Thrakien, wurde aber von dort vertrieben (1,168). Vgl. auch Plutarch, *Politische Lehren* mor. 812A.

*** Alexander verdächtigte seinen Feldherrn Parmenion und dessen Sohn Philotas, ein Attentat auf ihn geplant zu haben und ließ sie töten (Plutarch, *Vita Alexanders* 48f.) – Dion, geb. 409, Verwandter des Dionysios I. von Syrakus, berief Platon nach Sizilien, um eine »Philosophenherrschaft« zu errichten, wurde von Dionysios des Hochverrats beschuldigt und verbannt. Vgl. Plutarch, *Vita des Dion*.

**** Nero ließ den jungen Aulus Plautius hinrichten, weil er angeblich als ein

mit denen des Sejan: Sie ließen diese selbst und ihre Angehörigen foltern und töten. Und König Kreon hatte keinen Nutzen von der goldenen Krone und dem Gewand seiner Tochter. Als er eilends zu ihr hinlief und sie umarmte, ergriff das plötzlich aufflammende Feuer auch ihn, es verbrannte und verzehrte ihn mit ihr zusammen.* So geht es auch manchen, die das Glück ihrer Freunde nicht mit genießen konnten, aber an ihrem Unglück mit zugrunde gingen. Und das trifft besonders Personen mit Ehr- und Verantwortungsgefühl, wie Theseus, der mit seinem Freund Peirithoos dessen Bestrafung und Gefangenschaft teilte,

> zusammengebunden mit Fesseln,
> die kein Schmied schmiedete, sondern Ehre und Pflicht,

wie es heißt.**

Thukydides berichtet, dass während der Pest in Athen gerade die Redlichsten zusammen mit ihren Freunden umkamen. Sie besuchten nämlich ohne Rücksicht auf sich selbst alle, die ihnen nahe standen.***

8. Unter diesem Gesichtspunkt der Freundespflicht erscheint es nicht angebracht, zu freigebig mit der Freundschaft umzugehen [96D] und sie bald diesem, bald jenem angedeihen zu lassen. Vielmehr sollte man die Verbindung in einer solch engen Gemeinschaft für diejenigen aufsparen, die ihrer würdig sind, das heißt für solche, die gleichermaßen uns lieben und für uns da sein können.

Günstling seiner Mutter Agrippina sich Hoffnungen auf den Thron gemacht habe. Sueton, *Nero* 35,4. – Aelius Seianus (Sejan) nutzte seine Vertrauensstellung bei Tiberius aus, um diesen zum Rückzug nach Capri zu bewegen und sich durch zahlreiche Verbrechen an die Macht zu bringen. Als Tiberius dies entdeckte, ließ er nicht nur Sejan, sondern auch dessen Kinder hinrichten.

* Vgl. Euripides, *Medea* 1136ff. Die von Jason verlassene Medea schickte seiner neuen Braut Kreusa ein mit Gift getränktes brennbares Gewand zur Hochzeit.

** In einer verlorenen Tragödie des Euripides. Zu Theseus und Peirithoos vgl. Anm. o. S. 17*, zitiert von Plutarch auch in *Über die Bruderliebe* mor. 482A.

*** Vgl. Thukydides 2,51.

Hierin haben wir nämlich das größte Hindernis überhaupt für eine Vielzahl von Freunden. Die Freundschaft entsteht nämlich auf der Basis der Gleichheit. Selbst die vernunftlosen Tiere vereinigen sich mit solchen von anderer Art nur unter Zwang und Gewalt. Sie sträuben sich und suchen auszubrechen, um den Fremden zu entkommen, während sie sich mit Genossen derselben Art und Rasse bereitwillig und gern verbinden. [96E] Wie soll da nun eine Freundschaft entstehen – bei unterschiedlichen Charakteren, gegensätzlichen Neigungen und einer Lebensführung, die von völlig abweichenden Grundsätzen ausgeht? Die Harmonie beim Spiel von Harfe und Leier erhält ihren Einklang durch entgegengesetzte Töne, nämlich hohe und tiefe, die sich doch zu einer gewissen Ähnlichkeit verbinden. Der Einklang und die Harmonie in der Freundschaft dulden aber kein Element des Unähnlichen, Ungleichen, Unebenen. Vielmehr muss alles gleich sein, damit daraus Übereinstimmung im Reden, Planen, Denken und Empfinden entsteht – so als wäre eine einzige Seele auf mehrere Körper verteilt.*

9. Welcher Mensch ist aber nun so widerstandsfähig, so wandelbar und vielseitig, dass er sich so vielen verschiedenen Personen angleichen und anpassen kann – und sich nicht mokiert über den Rat des Dichters Theognis,** [96F] der sagt:

> Halte es wie der Polyp, der vielfarbige, welcher
> nah an den Felsen geschmiegt, ganz so wie dieser erscheint.

Dabei gehen die Verwandlungen des Polypen nicht in die Tiefe, sondern bleiben an der Oberfläche, der Haut, die sich zusammenzieht und wieder ausdehnt, und das aufnimmt, was auf sie zufließt.

---

* Vgl. Cic. *Lael.* 25,92: Das Wesen der Freundschaft liegt ja gerade darin, dass mehrere gleichsam ein Herz und eine Seele werden (*unus quasi animus fiat ex pluribus*).

** Theognis, *Elegien* 1,215f. Auch bei Plutarch *Physikalische Fragen* 19 mor. 916BC sowie 978E: Zitat aus Pindar: »Wie der Polyp seine Farbe, so ändere du den Sinn und schicke dich in fremde Sitten und Lebensgewohnheiten!«. Der Vergleich öfters bei Plutarch, so vom Schmeichler mor. 51D. – Hier ist statt *polychrooou* (vielfarbiger) auch *polyploko* (verschlagener) überliefert. Vgl. Erasmus, *Adagia* I 1,43: Mach es wie der Polyp! Es geht bei diesem Vergleich einerseits um Verstellung und andererseits (positiv) um Anpassung.

[97A] Freundschaften aber suchen vollkommene Gleichheit herzustellen in Bezug auf den Charakter, die Empfindungen und Äußerungen, die Beschäftigungen und Lebensgrundsätze.

Um einer Menge von ganz und gar unterschiedlichen Freunden gerecht zu werden, dazu müsste man so wandlungsfähig sein wie der Meergott Proteus,* kein sonderlich herzerfreuender und ehrlicher Typ, einer, der sich durch Zauberei von einem Augenblick zum andern immer wieder in eine andere Gestalt verwandeln kann. Wer ein solcher Verwandlungskünstler ist, der liest dann Bücher mit den Gelehrten, wälzt sich im Staub mit den Ringkämpfern, ist mit den Jagdfreunden mit Hunden dem Wild auf der Spur, betrinkt sich mit den Zechern, betreibt Stimmenwerbung mit den Politikern. Dabei hat er selbst keinen ausgeprägten eigenen Charakter. Die Naturphilosophen sprechen von einer gestaltlosen und farblosen Masse [97B], die als Materie allem zugrunde liegt und sich von selbst verändert. Nun ist sie feurig, nun flüssig, dann wird sie zur Luft und verdichtet sich wieder.** So setzt auch der Besitz einer Vielzahl von Freunden eine Seele voraus, die empfänglich ist für Eindrücke aller Art, wendig und geschmeidig und leicht bereit zur Veränderung. Wahre Freundschaft aber sucht einen standhaften, festen Charakter, der unveränderlich an einem Platz, in einer festen Bindung verharrt. Etwas Seltenes und schwer zu finden ist daher auch ein zuverlässiger Freund.

---

* Homer, *Odyssee* 4,383ff.; Vergil, Georgica 4,387ff.

** Die vier Elemente: Feuer, Wasser, Luft und Erde.

II Die Kehrseite von Freunden: Wie man Nutzen zieht aus seinen Feinden

1. [86B] Wie ich sehe, hast du, mein lieber Cornelius Pulcher,* bei deiner Amtsführung eine besonders milde und freundliche Form gewählt. Dabei bringst du den öffentlichen Belangen möglichst viel Nutzen und zeigst dich denjenigen, mit denen du zu tun hast, persönlich von einer höchst liebenswürdigen Seite. [86C] Nun mag es ja ein Land ohne Raubtiere geben, wie es einige von Kreta** überliefert haben, es gibt aber bis heute wohl kein Staatswesen, das nicht Neid, Eifersucht oder Streitlust zu ertragen hat, Gefühle, aus denen am ehesten Feindschaften erwachsen. Gerade unsere Freundschaften, wenn nichts anderes, sind es, die uns in Feindschaften verstricken. Daran dachte der weise Chilon,*** als ihm ein Mann sagte, er habe keinen Feind. Chilon fragte ihn, ob er denn auch keinen Freund habe. Daher halte ich es für wichtig, dass jeder, der in der Politik tätig ist, sich allgemein über Feinde Gedanken macht. Er sollte dabei auch bei der Lektüre Xenophons**** nicht über dessen Bemerkung hinweg lesen, ein verständiger Mensch müsse auch wissen, wie er Nutzen zieht aus seinen Feinden.

Einige Gedanken zu diesem Thema, wie ich sie kürzlich schon zu äußern Gelegenheit hatte, habe ich nun fast in gleicher Form zusammengestellt und übersende sie dir, wobei ich das nach Möglichkeit ausgelassen habe, was sich in meinen Ratschlägen für Politiker***** findet [86D] – ich habe ja gesehen, dass du diese Schrift des Öfteren zur Hand hast.

---

* Cn. Cornelius Pulcher hatte hohe Verwaltungsämter in Griechenland wie auch in Ägypten inne; er genoss das Vertrauen Kaiser Hadrians und schätzte Plutarch (s. hier 86 B–D). Vgl. A. Birley, Hadrian. Der rastlose Kaiser. Mainz 2006, S. 60.

** Z. B. von Plinius, *Naturkunde* 8,83.

*** Einer der Sieben Weisen, vgl. DL 1,68–73.

**** Xenophon, *Oikonomikos – Von der Hauswirtschaft* 1,15. Auch zitiert in Plutarch, *Vom Hören* mor. 40B.

***** Plutarch, *Politische Lehren* mor. 798A–825F.

2. Die Menschen der Frühzeit waren zufrieden, wenn ihnen wilde und raubgierige Tiere nichts zuleide taten, und das war Zweck und Ziel ihrer Kämpfe gegen diese Tiere. Die später Lebenden aber hatten gelernt, wie sie von ihnen Gebrauch machen konnten. Sie nutzten ihr Fleisch zur Nahrung, Wolle und Fell zur Kleidung, ihre Galle und die Molke von der Milch als Medizin, und mit dem gegerbten Leder wappneten sie sich. So wäre mit gutem Grund zu befürchten, dass, wenn dem Menschen keine Tiere mehr zur Verfügung ständen, sein Leben auf eine unzivilisierte Stufe herabsinken würde. Zwar sind die meisten Menschen zufrieden, wenn sie von ihren Feinden nichts Böses erleiden [86E]; wenn Xenophon aber sagt, dass die Verständigen auch Nutzen ziehen von ihren Feinden, dann dürfen wir ihm schon Glauben schenken und eine Methode und eine Taktik herausfinden, womit wir dies erreichen – ist es doch ein beachtlicher Vorteil für diejenigen, für die es nicht möglich ist, ohne Gegner zu leben.

Nicht möglich ist es für den Landmann, jeden Baum zu veredeln, für den Jäger, jedes Tier zahm zu machen, und so haben sie für ihre sonstigen Bedürfnisse Nutzen zu ziehen gesucht: der Landmann vom Holz und Laub der unfruchtbaren Bäume, der Jäger vom Fleisch der unzähmbaren Tiere. Das Wasser des Meeres ist nicht trinkbar und ist unbekömmlich, aber es ernährt die Fische und ist ein Verkehrsweg für Reisende und Handeltreibende überallhin. Als der Satyr zum ersten Mal das Feuer erblickte, wollte er es küssen und umarmen, aber Prometheus sagte zu ihm: »

Pass auf, du Ziegenbock, du wirst bald jammern,
dass dein Bart weg ist!*

Feuer brennt den, der es berührt, aber es spendet Licht und Wärme [86F] und dient denen, die seinen Gebrauch erlernt haben, als Hilfsmittel für jegliches Handwerk und Gewerbe.

So schau dir auch deinen Feind an und sieh, ob er, wenn auch in vieler Hinsicht schädlich und mit Vorsicht zu behandeln, nicht doch

* Wohl aus dem verlorenen Stück einer Trilogie des Aischylos: *Prometheus der Feuerträger*. Erhalten ist nur *Der gefesselte Prometheus.*

irgendwie etwas hat, wo du ihm auf eine eigene Art und Weise beikommen kannst und er dir einen Nutzen bietet. [87A] Vieles, was einem im Leben zustößt, ist unangenehm, ärgerlich und zuwider. Doch wie man sehen kann, gibt es Menschen, die zum Beispiel ihre körperliche Krankheit zum Anlass nehmen, um sich endlich einmal Ruhe zu gönnen, und viele gehen aus schweren Prüfungen gestärkt und gewappnet hervor. Einige führte auch die Verbannung aus dem Vaterland und der Verlust ihrer Güter dazu, ihr Leben der Ruhe und der Philosophie zu widmen. So war es bei Diogenes* und Krates. Und als Zenon erfuhr, sein Handelsschiff mit all seiner Fracht sei untergegangen, rief er: »Gut hast du's gemacht, Fortuna, dass du mich zum Philosophenkittel hintreibst!« So können ja auch Tiere mit einem äußerst robusten und gesunden Magen Schlangen fressen und Skorpione verdauen, und es gibt sogar welche, die Nahrung gewinnen von Steinen und Muschelschalen. [87B] Sie wandeln diese Stoffe nämlich um durch die Spannkraft und Hitze ihrer Organe. Und auf der anderen Seite gibt es so pimpelige und kränkliche Menschen, denen schon übel wird, wenn man ihnen Brot und Wein vorsetzt. So zerstören unkluge Menschen sich sogar ihre Freundschaften, während die klugen in der Lage sind, sogar aus ihren Feindschaften auf geschickte Weise Nutzen zu ziehen.

3. Zuerst nun scheint es mir, dass gerade das Allerschädlichste bei der Feindschaft zum Allernützlichsten werden kann – für diejenigen, die ihr Augenmerk darauf richten. Was ist das aber? Dein Feind ist ständig hellwach und belauert alles, was du tust. Er sucht danach, wo du dir eine Blöße gibst und kontrolliert ständig dein ganzes Leben. Sein Blick dringt nicht nur durch Bäume, Steine und Ziegelwände, wie der des Lynkeus:** [87C] Durch jeden Freund, Diener und Hausgenossen spürt er so weit wie nur möglich deinem Tun nach und gräbt sich einen Eingang zu deinen Plänen und durchforscht sie genau. Dass Freunde krank oder gar gestorben sind, bekommt man oft gar nicht mit, so nachlässig ist man, so wenig bekümmert man sich um sie. Bei den Feinden aber interessiert man sich sogar für ihre

* Diogenes DL 6,20–81, hier: 49; Krates DL 6,85–93, hier 87f.; Zenon DL 7,1–160, hier 7,5.

** Lynkeus hatte einen so scharfen Blick, der sogar die Erde durchdrang; er war u. a. Teilnehmer am Zug der Argonauten.

Träume. Krankheiten, Geldschwierigkeiten, Zerwürfnis mit der Gattin – das bleibt eher den Freunden als dem Feind verborgen. Dieser hält sich ganz besonders an unsere wunden Punkte und spürt ihnen nach. Und so wie die Geier vom Geruch verwesender Körper angezogen werden, für unverletzte und gesunde aber keine Witterung haben, [87D] so bringen angekränkelte, schwache und faule Stellen im Lebenslauf den Gegner auf die Beine. Eben auf solche fatalen Situationen stürzen sich die Missgünstigen, beißen sich daran fest und reißen alles in Stücke.

Wo soll es dabei aber einen Nutzen geben [wenn man dieses weiß?] Ja, es gibt einen: Es gilt nämlich, mit aller Umsicht sein Leben zu führen, auf sich selbst acht zu geben, in seinen Worten und Taten nicht sorglos und unbekümmert, sondern stets auf der Hut zu sein, ein Leben wie nach einer strengen Diät zu führen,* das unangreifbar ist. Eine solche umsichtige Haltung, die Gefühl und Verstand kontrolliert, führt uns aus Übung zur Gewohnheit, mit dem festen Vorsatz, ein Leben ohne Fehl und Tadel zu führen. Es ist gerade wie mit Staaten, [87E] die ständig Grenzkriege und Feldzüge zu führen haben und, dadurch klug geworden, eine rechte politische Ordnung und eine vernünftige Führung zu schätzen gelernt haben. Und ebenso geht es auch Menschen, die, um ihren Feinden keine Angriffsfläche zu bieten, genötigt worden sind, ein nüchternes Leben zu führen, sich zu hüten vor Leichtsinn und lässiger Sorglosigkeit und all ihr Handeln nach ihrem Vorteil abzuwägen. Sie werden durch diese Gewohnheit unmerklich dahin geführt, Fehler zu vermeiden und ihr ganzes Benehmen in die gehörige Ordnung zu bringen, wenn der Verstand dazu nur einigermaßen Ja sagt. Denn wer sich das Wort Homers immer vorhält:

> Ja, freuen werden sich Priamos und des Priamos Söhne,**

---

* Plutarchs »Lebensdiät«, vgl. *Wie man den Zorn besiegt* mor. 453D und dort am Ende mor. 464B–D.

** Homer, *Ilias* 1,255. Dies sagt Nestor tadelnd zu den streitenden Griechenführern Achilleus und Agamemnon, vgl. den Anfang der Einleitung in Giebel, *Plutarch, Wie man den Zorn besiegt.* 2023.

der wird sich besinnen und solche Dinge sein lassen, die den Feinden Gelegenheit geben zu triumphieren und ihn auszulachen.

[87F] Wir beobachten ferner, wie die dionysischen Künstler [Schauspieler und Musiker] im Theater ihren Part oft nur lustlos und ungenau abspulen, wenn sie unter sich sind. Ist aber ein Wettkampf angesagt und Konkurrenz von einer anderen Truppe da, dann geben sie sich samt ihren Instrumenten mehr Mühe: Sie stimmen ihre Saiten und achten, ebenso wie die Flötenspieler, auf ein exakteres Zusammenspiel. Wenn man sich bewusst ist, dass man einen Feind hat, der ein Konkurrent um Ehrenstellungen im öffentlichen Leben ist [88A], dann nimmt man sich mehr in Acht, überprüft sein eigenes Tun und ordnet sein Leben. Es ist nämlich auch dies ein Merkmal moralischer Schwäche, dass wir uns für unser Fehlverhalten vor den Feinden mehr schämen als vor den Freunden. Das ist der Grund für die bekannte Bemerkung des Scipio Nasica, als einige die Überzeugung vertraten, Roms Macht sei nun gesichert, da Karthago zerstört und die Griechen unterworfen seien. »Nein, gar nicht«, sagte er, »jetzt sind wir gerade gefährdet, denn wir haben niemand übrig gelassen, vor dem wir uns fürchten oder uns schämen müssten.«*

4. Dazu kann man noch den Ausspruch des Diogenes nehmen, wahrhaft philosophisch und politisch. Auf die Frage: »Wie soll ich mich vor meinem Feind schützen?«, antwortete er: [88B] »Indem du selbst ein guter und ehrenhafter Mensch wirst!«**

Mit Unmut sehen manche, wie die Pferde ihrer Feinde groß herauskommen und ihre Hunde gerühmt werden. Beim Anblick eines wohl bestellten Feldes oder eines blühenden Gartens der anderen seufzen sie tief. Und wie werden sie sich wohl erst fühlen, was meinst du, wenn du dich zeigst als eine ehrenhafte, verständige Persönlichkeit, einen verantwortungsvollen Bürger, anerkannt in seinen Reden, integer in seinem Handeln und mit einer geordneten Lebensführung.

---

* Vgl. Plutarch, *Vita Catos des Älteren* 27.

** Vgl. Plutarch, *Wie soll der Schüler die Dichter lesen* mor. 21E: »Dem aber, der schrieb: »Gegen den Bösen ist Bosheit eine nützliche Waffe«, womit er uns den Bösen ähnlich machen will, muss man die Worte des Diogenes entgegenhalten, der auf die Frage, wie man sich an seinem Feind rächen könne, die Antwort gab:« Dadurch, dass man selbst ein edler und tugendhafter Mensch wird.«

Von solch einem Mann heißt es:*

> Aus tiefen Furchen erntend durch des Geistes Kraft,
> daraus ihm hervorsprießt weisen Rates Frucht:
> Nicht scheinen will er ja der Beste, sondern sein!

Die Besiegten aber, so sagt Pindar, liegen gefesselt im Abgrund des Schweigens.

Das gilt nicht ausnahmslos und für alle, jedoch für diejenigen, die sich besiegt und übertroffen sehen von ihren Feinden, was Fleiß und Sorgfalt, Rechtlichkeit, Großherzigkeit, Menschenfreundlichkeit und Wohltätigkeit angeht.

[88C] Das sind die Dinge, von denen der Redner Demosthenes sagt,** dass sie beim Gegner »die Zunge lähmen, den Mund stopfen, die Kehle zuschnüren, verstummen machen.«

(Was Euripides sagt:)

> Sei besser als die Schlechten, du vermagst es ja!

das gilt für dich, wenn du dem, der dich hasst, Verdruss bereiten willst. Nicht mit Schmähungen, er sei sittenlos, weichlich, zügellos, ein Speichellecker, eine Knechtsnatur: Sei du lieber eine Persönlichkeit, zeige Selbstkontrolle, Wahrheitsliebe und behandle alle menschenfreundlich und gerecht, mit denen du zusammenkommst. Und wenn du doch einmal gedrängt wirst, böse Worte auszusprechen, dann distanziere dich mit aller Deutlichkeit von dem, was du dem andern vorwirfst. Geh in dein Inneres, schau dich genau darin um, ob da etwas Verdorbenes ist – damit nicht irgendein böser Geist eines Lasters, der sich da versteckt hat, dir die Worte aus der Tragödie ins Ohr flüstert:

---

* Der Seher Amphiaraos trägt im Kampf kein Feldzeichen auf seinem Schild, wie die anderen, die mit ihrem Heldentum prahlen (Aischylos, *Sieben gegen Theben* 592ff.; Pindar Frg. 229 Snell).

** Demosthenes, *Rede 19 (Von der Truggesandtschaft)* 208. – Euripides, *Orestes* 251. Das folgende Zitat aus einer unbekannten Tragödie des Euripides.

Du willst andere heilen und bist doch selber voller Eiterbeulen!

[88D] Wenn du deinen Gegner ungebildet und unerzogen nennst, dann steigere bei dir selbst die Liebe und den Fleiß zum Lernen. Nennst du ihn feige, musst du dein mutvolles und mannhaftes Wesen noch mehr anfachen, nennst du ihn einen Schlemmer und Wüstling, dann tilge aus deiner Seele, was es an verborgenen Spuren von Genusssucht geben mag. Nichts ist ja blamabler oder schmerzt mehr, als wenn ein Vorwurf auf seinen Urheber zurückfällt. So reizt auch reflektiertes Licht noch mehr bei schwachem Sehvermögen, und von den Vorwürfen reizen diejenigen jeweils am meisten, die aufgrund des wahren Sachverhalts auf die zurückfallen, die sie vorgebracht haben. So sicher wie der Nordostwind Wolken bringt, so zieht auch ein anstößiges Leben Vorwürfe geradezu an.

5. Sooft sich Platon in der Gesellschaft von Leuten befand, die sich übel aufführten, sagte er zu sich selbst: [88E] »Ich bin doch nicht etwa auch so einer?«* Jemand, der die Lebensweise eines anderen tadelt, muss dabei gleichzeitig genau hinschauen auf seine eigene, sie gerade richten und wenn nötig sogar den ganzen Kurs ändern. Wenn er das tut, dann hat er einen Nutzen von seiner Schmähkampagne, die sonst nicht nur nutzlos und sinnlos wirkt, sondern es auch ist.

Die meisten Leute lachen, wenn ein Kahlkopf oder ein Buckliger andere auslacht und verspottet, die das gleiche haben wie er. Es ist ja in der Tat lachhaft, Spott und Hohn über etwas auszugießen, womit man dem anderen Gelegenheit gibt, mit gleicher Münze zurückzuzahlen. So wurde Leon von Byzantion** von einem Buckligen wegen seiner schwachen Augen verspottet. Er sagte darauf: [88F] »Du schmähst mich wegen einer Schwäche, die jeden Menschen treffen kann, dabei trägst du auf dem Rücken das Zeichen, dass dich Gott geschlagen hat!« Daher sollte man keinen als Ehebrecher brandmarken, wenn man selbst verbotene Lust sucht, und keinen als liederlich, wenn man selbst gerne mal über die Stränge schlägt.

---

* Vgl. Platon, *Alkibiades* I 133a, mehrfach von Plutarch zitiert, so in den *Gesundheitsregeln* mor. 129D und in *Vom Hören* mor. 40D.

** Vgl. Plutarch, *Gastmahlgespräche* 2 mor. 633Cff. über Scherz- und Spottreden.

»Du bist der rechte Bruder einer Frau, die ihren Mann zu Tode brachte!« sagt im Drama Alkmaion zu Adrastos. Und was gibt der ihm zur Antwort? Nicht die Schandtat eines anderen, sondern dessen eigene warf er ihm vor: [89A]

> Du aber hast mit eigner Hand die Mutter, die dich gebar,
> erschlagen!*

In Rom sagte Domitius zu Crassus: »Hast du nicht geweint beim Tod deiner Muräne, die du in deinem Fischbecken aufgezogen hast?« Und Crassus darauf: »Hast du nicht drei Ehefrauen zu Grabe getragen, ohne eine Träne zu vergießen?«**

Wer sich darauf einlässt, an einem anderen öffentlich Kritik zu üben, muss nicht geistreich, laut tönend und selbstbewusst auftreten, er hat vielmehr selbst untadelig und unangreifbar zu sein. Das Wort des Gottes von Delphi: »Erkenne dich selbst!« scheint ja für niemand so zuzutreffen wie für einen, der am anderen Kritik üben will. Sonst wird er, indem er sagt, was er will, zu hören bekommen, was er nicht will. Von solch einem sagt Sophokles: [89B]

> Selber törichtes Zeug schwätzend willst du ungern hören,
> was du selbst so gern gesagt:

6. Soweit ist also die Kritik an einem Gegner für einen selbst nützlich und brauchbar. Doch nicht weniger profitiert man, wenn man selbst Kritik und üble Nachrede von seinen Gegnern einstecken muss. Der Philosoph Antisthenes*** sagte daher ganz mit Recht, wenn wir uns

---

* Adrastos ist der Bruder der Eriphyle. Sie ist schuld am Tod ihres Gatten, des Sehers Amphiaraos (s. Anm. o. S. 34*). Dieser verweigerte im Wissen um seinen zukünftigen Tod die Teilnahme am Kriegszug der Sieben gegen Theben. Seine Gattin Eriphyle, von einer kostbaren Halskette bestochen, zwang ihn zur für ihn tödlichen Teilnahme, wofür sie ihr Sohn Alkmaion tötete.

** Marcus Licinius Crassus Dives der Triumvir, Lucius Domitius Ahenobarbus war sein politischer Gegner. Fischzucht war ein beliebtes Hobby in Rom; Lieblingsfische wie Muränen trugen Halsbänder aus Edelsteinen. Vgl. Plutarch, *Politische Lehren* mor. 811A; *Ob die Landtiere oder die Wassertiere klüger sind* mor. 976A; Älian, *Tierleben* 8,4.

*** Antisthenes, um 450–365 v. Chr., Schüler des Sokrates, hielt die Tugend für lehrbar, übte Einfluss aus auf Diogenes (der Ausspruch wird auch von

heil durchbringen wollten, dann brauchten wir ehrliche Freunde oder glühende Feinde: Die einen bringen uns durch Ermahnung, die anderen durch Schmähung von unseren Fehlern ab. Heutzutage ist aber die Stimme der Freundschaft für freimütigen Tadel nur ganz leise, für die Schmeichelei dafür umso geschwätziger, für eine Zurechtweisung aber stumm – daher muss man sich die Wahrheit von seinen Feinden anhören. [89C] So hat sich Telephos, als er keinen brauchbaren Arzt fand, mit seiner Wunde zum Speer des Feindes gewandt, um dort Heilung zu finden.* Und so müssen auch diejenigen, die niemand haben, der sie wohlwollend mahnt und zurechtweist, sich die Worte eines Hassers und Feindes gefallen lassen, wenn der ihr Fehlverhalten aufspürt und tadelt. Dabei sollen sie nur auf den Sachverhalt selbst schauen und nicht auf die Absicht des Kritikers. Als Beispiel kann uns der Fall eines Mannes dienen, der den thessalischen König Prometheus** ermorden wollte. Er traf mit seinem Schwert ein bösartiges Geschwür, das der König hatte, und zwar so, dass er es öffnete, und indem es aufbrach, befreite er den König davon und rettete ihm das Leben. So hat schon oft eine in Zorn oder Feindseligkeit hervorgestoßene Beschimpfung ein Übel in der Seele, das unerkannt oder unbeachtet dort schlummerte, geheilt. Doch die meisten achten bei einer Beschimpfung nicht darauf [89D], ob etwas davon auf sie zutrifft, sondern denken nur daran, was sie dem Angreifer zurückgeben können. Und wie die Ringer den Sand nicht von ihren Körpern abwischen, so wischen diese Leute nicht die Vorwürfe von sich ab, sondern beschmieren sich gegenseitig damit, und so geraten sie dann beschmiert und beschmutzt aneinander. Wenn jemand etwas vorgeworfen bekommt von einem Feind, dann sollte er den betreffenden Fehler bei sich ausmerzen; das ist noch dringlicher, als

---

diesem erwähnt: *Schmeichler* mor. 74C). Antisthenes galt als Begründer der Schule der Kyniker. Er tritt auf in Xenophons Gastmahl (*Symposion*). – DL 6,1–19.

* Im Krieg um Troja vom Speer des Achilleus verwundet, begab sich Telephos aufgrund eines Orakelspruchs: »Der dich traf, wird dich heilen!« zu Achilleus, der Späne von seinem Speer auf die Wunde legte, die sich daraufhin schloss. Vgl. Plutarch, *Vom Hören* 46F–47A, der aus einer verlorenen Tragödie des Euripides zitiert; mehrfach dargestellt in der Kunst, u. a. am Pergamonaltar.

** Eine mehrfach erzählte Geschichte über König Jason von Pherai (Thessalien) mit dem Beinamen Prometheus, vgl. u. a. Cicero, *De natura deorum – Von der Natur der Götter* 3,70.

einen Flecken auf der Kleidung zu entfernen, auf den man hingewiesen wurde. Und wenn jemand etwas über uns sagt, was ganz und gar nicht zutrifft, dann sollten wir dennoch die Ursache herauszufinden suchen, aus der ein solcher Vorwurf entstehen konnte. Wir müssen auf der Hut sein und uns Gedanken machen, ob wir nicht, ohne es zu merken, irgend einen Fehler gemacht haben, der dem nahe kommt oder ähnlich ist, was da vorgebracht wurde. So hat man zum Beispiel dem König der Argiver, Lakydes,* [89E] wegen seiner Haartracht und seines lässigen Ganges den Vorwurf der Weichlichkeit und Unmännlichkeit gemacht. In Rom hatte Pompeius unter dem gleichen Vorwurf zu leiden, wegen seiner Angewohnheit, sich mit einem Finger am Kopf zu kratzen – dabei war er ja denkbar weit entfernt von Weichlichkeit und einem ausschweifenden Lebenswandel. Crassus zog sich eine Anklage zu, er habe zu enge Beziehungen zu einer der Vestalischen Jungfrauen. Dabei wollte er nur ein schönes Stück Land von ihr kaufen und traf sie deshalb öfter privat und suchte sie für sich zu gewinnen.** [89F] Der Postumia verübelte man es, dass sie in Gegenwart von Männern immer gleich lachte und sich allzu ungeniert unterhielt. Dies brachte ihr eine Anklage wegen Unkeuschheit ein. Zwar wurde sie davon freigesprochen, doch der Pontifex maximus, Spurius Minucius, entließ sie mit den mahnenden Worten, sie dürfe in ihrer Sprache nicht weniger Würde zeigen als in ihrem Leben. Durch den Spartaner Pausanias geriet Themistokles, obwohl er an keinerlei staatsgefährdenden Plänen teilnahm, in den Verdacht des Landesverrats, nur weil er mit ihm befreundet war, mit ihm ständig Briefe wechselte und ihm Botschaften sandte.***

7. Wenn nun etwas Unwahres gegen dich vorgebracht wurde, tu es nicht einfach achselzuckend ab als offensichtliche Lüge, sondern überprüfe, was du gesagt, getan, [90A] um was du dich bemüht hast, mit wem du zusammen warst – kann irgendetwas davon den Ansatzpunkt für den Vorwurf geboten haben? Und wenn ja, dann

---

* Lakedas bei Pausanias 2,19,2. – Pompeius: Plutarch, *Politische Lehren* mor. 800D; *Vita des Pompeius* 48; *Vita Caesars* 4.

** Plutarch, *Vita des Crassus* 1: Licinia: Er wollte ihr nur unbedingt ein schönes Grundstück abhandeln. Postumia: Vgl. Livius 4,44,11f. Als Quinta Claudia bei Ovid, *Fasten* 4,305ff. Sie reinigt sich von den Vorwürfen, indem sie das Schiff, das die Göttin Kybele nach Rom bringt, wieder flottmachen kann.

*** Plutarch, *Vita des Themistokles* 23.

hüte dich davor und suche es zu vermeiden. Wenn nämlich andere wider Willen in irgendwelche Situationen hineingeraten, die ihnen zu einer nützlichen Lehre gereichen, und sie müssen dabei Lehrgeld bezahlen – so sagt ja Merope im Drama*:

> Das unbeständige Schicksal hat mich zwar weise gemacht,
> aber als Lohn dafür mir das Liebste, was ich hatte, genommen
> [nämlich den Gatten],

– was hindert uns da, unseren Feind zum Lehrer zu nehmen, um von ihm unentgeltlich zu profitieren und das zu lernen, was uns sonst verborgen geblieben wäre? Für viele Dinge hat nämlich der Gegner ein schärferes Auge als der Freund – Liebe ist blind gegenüber dem Geliebten, wie Platon sagt.**

Zur Feindschaft gehört auch, zusammen mit dem Ausspionieren, die Schwatzhaftigkeit. Über Hieron [90B], den Herrscher von Syrakus, lästerte einmal einer seiner Feinde wegen seines schlechten Atems. Als Hieron nun heimkam, sagte er zu seiner Frau: »Was meinst du dazu? Nicht einmal du hast mir etwas davon gesagt!« Sie aber, ebenso klug wie keusch, antwortete ihm: »Ich glaubte, alle Männer würden so riechen!«*** So kommt es, dass man Dinge, die sicht- und fassbar und aller Welt offenbar sind, eher von seinen Feinden als von Freunden und nahen Bekannten erfährt.

8. Abgesehen davon geht es um die Fähigkeit, die Zunge im Zaum zu halten – kein geringer Bestandteil der Tugend. Sie stets den Verstandeskräften untertan und gehorsam zu erhalten, ist nicht möglich, ohne dass man durch Übung, Sorgsamkeit und Anstrengung die schlimmsten Affekte, wie den Zorn, bemeistert. Diese Worte, die einem da unbeabsichtigt entschlüpfen, [90C] so wie es bei Homer heißt, dass sie »dem Gehege der Zähne entfliehen«, oder die ganz von selbst heraus und davongeflogen sind**** – das passiert

---

* In einer verlorenen Tragödie des Euripides betrauert Merope den Tod ihres Gatten Kresphontes.

** Platon, *Nomoi – Gesetze* 731e. Das nächste Platonzitat ebd. 717d; 935a.

*** Vgl. Plutarch, *Denksprüche: Hieron* mor. 175B.

**** Z. B. Homer, *Ilias* 4,350; 14,83; *Odyssee* 1,64; 23,70.

meist solchen, die ihr Gemütsleben nicht unter Kontrolle haben, die schwankend und unstet, die willensschwach sind, sich nicht mäßigen können oder unbekümmert dahinleben.

Ein Wort, das leichteste Ding auf der Welt, kann, wie der göttliche Platon sagt, die schlimmste Strafe nach sich ziehen, von Göttern wie von Menschen. Stillschweigen kann keineswegs immer als Zustimmung gewertet werden – es bewahrt nicht nur, wie Hippokrates sagt, vor trockener Kehle und Durst* – wenn man es angesichts von Schmähungen und Vorwürfen übt, ist es eine würdige Reaktion, im Sinne von Sokrates, noch mehr von Herakles, wenn er wirklich, wie es heißt: »sich um hasserfüllte Worte nicht mehr kümmerte als um das Gesumm einer lästigen Fliege«.

[90D] Es ist in der Tat nichts so würdig und edel, wie wenn man bei Schimpfreden seines Gegners Ruhe bewahrt, und damit einen Schmähsüchtigen umgeht, wie Schwimmer um eine Felsklippe herumschwimmen. Dabei bringt aber stete Übung noch mehr. Wenn man sich einmal daran gewöhnt hat, einen schmähsüchtigen Feind mit Schweigen zu ertragen, dann kann man auch ganz leicht die Zorn- und Schimpfreden einer Frau aushalten und wird sich ohne aufzubrausen auch noch so bittere Reden eines Freundes oder des Bruders anhören. Und wenn du von Vater oder Mutter sozusagen Schläge oder Geschosse abbekommst, wirst du das ohne zornige Erregung hinnehmen. Sokrates ertrug ja seine Frau Xanthippe, die leicht in Zorn geriet und ihm heftige Szenen machte, mit Gelassenheit. Er war der Meinung, wenn er sich daran gewöhnte, es mit ihr auszuhalten, dann würde er auch mit den anderen Menschen leicht auskommen.** [90E] Jedoch ist es weit besser, an Feinden und fremden Leuten mit ihrem unverschämtem Benehmen, mit Wutausbrüchen oder Spott und Hohn, diese gelassene Haltung einzuüben und sich so daran zu gewöhnen, bei solchen Schimpfattacken die Ruhe zu bewahren und sich nicht aufzuregen.

---

* Sondern auch von den Übeln, die man sich durch seine Geschwätzigkeit zuzieht, vgl. das Ende von Plutarch *Über die Schwatzhaftigkeit* mor. 515A.

** Vgl. Xenophon, *Symposion* 2,10; DL 2,37.

9. Auf diese Weise können wir im Umgang mit unseren Feindschaften Sanftmut und Duldsamkeit an den Tag legen, dazu Geradlinigkeit, Großzügigkeit und Redlichkeit, und das noch eher als bei unseren Freundschaften. Einem Freund etwas Gutes zu tun ist ja nicht in dem Maße ehrenvoll wie es unehrenhaft ist, ihm die Hilfe zu verweigern, wenn er sie braucht. Bei einem Feind aber auf Rache zu verzichten, wenn er einem eine gute Gelegenheit dazu bietet, das ist wahrhaft anständig.

Wenn nun jemand Mitgefühl hat mit einem Feind, der ins Unglück geraten ist, [90F] ihm wenn er es braucht, eine helfende Hand bietet, sich eifrig und bereitwillig für seine Kinder oder seine häuslichen Belange einsetzt, wenn da Unterstützung nötig ist – wer würde da keine liebende Bewunderung empfinden gegenüber der humanen Haltung eines solchen Menschen, wer würde seine Redlichkeit nicht rühmen: Er hätte ja sonst, wie es beim Dichter heißt [91A],

> ein finsteres Herz, so hart wie Stein oder Stahl.*

Als Caesar Befehl gab, die umgestürzten Ehrenstatuen des Pompeius wieder aufzurichten, sagte Cicero zu ihm: »Du hast die Statuen des Pompeius wieder hergestellt und damit deine eigenen befestigt.«** Deshalb sollte man nicht sparen mit Lob oder Anerkennung für einen Gegner, der sich wegen seiner fairen Haltung einen guten Ruf erworben hat. Das bringt noch mehr Lob ein für diejenigen, die es aussprechen, und wenn jemand ein andermal dann tadelt, dann gewinnt er Glaubwürdigkeit, so als ob er keinen Hass gegen den Mann habe, sondern nur seine Tat verurteile.

Das Beste und Nützlichste dabei ist dieses: Wer sich angewöhnt hat, wohlwollend von seinen Feinden zu sprechen und weder gereizt noch erbittert zu sein, wenn es ihnen gut geht – der ist auch weit entfernt von allem Neid über das Glück seiner Freunde und das Wohlergehen seiner Angehörigen. [91B] Und in der Tat – wel-

---

* Vgl. Pindar, *Frg.* 123,4–5 Snell.

** Nach seinem Sieg über Pompeius im Bürgerkrieg 46/45 v. Chr. Vgl. u. a. Plutarch, *Vita Ciceros* 40; *Vita Caesars* 57.

che andere geistige Schulung brächte uns denn für unsere Seele einen größeren Nutzen oder bescherte uns einen stabileren Gemütszustand, als ebendiese, die uns befreit von unserem Hang zu Eifersucht und Neid? Es ist wie mit vielen der Dinge, die im Krieg notwendig sind, unter anderen Umständen aber ungut, vor allem wenn sie den Status von Recht und Gesetz gewinnen. Man kann sie dann schlecht wieder abschaffen, auch wenn man durch sie Schaden erleidet. So führt Feindschaft in ihrem Gefolge mit dem Hass auch Neid ein und lässt uns Eifersucht zurück, Schadenfreude und eine nachtragende Gesinnung. Zu alledem kommen noch Arglist und Tücke und Intrige –, was ja als Mittel gegen einen Feind eigentlich nichts Schlechtes und auch kein Unrecht zu sein scheint – aber wenn sich die Tendenz dazu einmal festgesetzt hat, dann wird das zur steten Haltung und ist nur schwer wieder abzulegen. [91C] Man verhält sich dann seiner Gewohnheit nach auch so selbst gegen seine Freunde, wenn man nicht bei den Feinden gelernt hat, sich davor zu hüten. Nehmen wir an, Pythagoras hatte Recht, wenn er seinen Mitmenschen an Tieren die Grausamkeit und Raubgier abgewöhnen wollte. Er bat dazu die Vogelsteller um ihren Fang und kaufte ganze Netze voll Fischen auf und ließ sie wieder ins Meer zurückbringen. Jede Tötung eines zahmen Tieres untersagte er als einen Mord.*

Da ist es doch sicher ein noch würdigeres Ziel, bei Auseinandersetzungen und Streitigkeiten unter menschlichen Wesen, sich auch dem Gegner gegenüber edelmütig, gerecht und ehrlich zu zeigen, seine eigenen niedrigen, unedlen und heimtückischen Neigungen zu bändigen und niederzuhalten, so dass man auch im Umgang mit den Freunden stets einen festen Standpunkt vertritt und sich von jedem Fehlverhalten fernhält. [91D] Marcus Scaurus war ein Feind des Gnaeus Domitius und sein Ankläger vor Gericht. Da kam nun ein Sklave des Domitius vor der Gerichtsverhandlung heimlich zu ihm ins Haus und sagte, er habe ihm etwas zu melden, das bisher noch nicht zu seiner Kenntnis gelangt sei. Scaurus aber erlaubte

---

* Vgl. Plutarch, *Gastmahlgespräche* mor. 729DE sowie mehrfach in: *Land- oder Wassertiere – wer ist klüger* mor. 959F: »Die Pythagoreer machten die Milde gegen Tiere zu einer Übung der Menschenfreundlichkeit und des Mitgefühls.«; s. Giebel: Plutarch, *Darf man Tiere essen?* 2015, S. 19.

ihm nicht zu sprechen, sondern ließ den Mann festnehmen und zu seinem Herrn zurückbringen.* Als Cato der Jüngere den Lucius Murena wegen Bestechung bei dessen Konsulwahl anklagte und seine Anklagepunkte zusammentrug, da folgten ihm wie üblich die Gerichtsbeobachter,** die genau acht gaben auf alles, was er tat. Oft nun fragten sie ihn, ob er heute sein Beweismaterial zusammenstellen oder in der Klage etwas unternehmen wolle. Wenn er sagte: »Nein«, dann glaubten sie ihm und gingen fort. Darin kann man den sichersten Beweis für Catos hohes Ansehen finden. Doch es ist noch etwas Größeres und das Edelste überhaupt, wenn wir, gewohnt, sogar unseren Feinden gegenüber gerecht zu sein, [91E] uns dann auch gegen unsere Freunde und Vertrauten niemals ungerecht und böswillig verhalten.

10. Doch da nun einmal, wie der Dichter Simonides sagt, »jede Lerche ihren Federbusch auf dem Kopf haben muss,«*** und die menschliche Natur in ihrer Gesamtheit Streitlust, Eifersucht und Neid mit sich trägt, [91F] »diese Kumpanei all der hohlköpfigen Menschen«, wie Pindar sagt, da wäre es wohl kein geringer Vorteil, wenn man sich von diesen Affekten zu reinigen suchte, indem man sie gegen die Feinde kehrt und sie wie üble Ausscheidungen sozusagen durch Kanäle ableitet, möglichst weit entfernt von unseren Gefährten und Angehörigen. Das hat ein Politiker namens Demos anscheinend auch so gesehen.**** Als er während eines Bürgerkriegs auf der Insel Chios mit seiner Partei siegreich gewesen war, riet er seinen Gefährten, sie sollten nicht alle ihre Gegner in die Verbannung schicken, sondern noch einige zurücklassen [92A], »damit wir nicht,« wie er sagte, »mit unseren Freunden Streitigkei-

---

* Vgl. Cicero, *Rede für König Deiotarus* 31. Hier ist Gnaeus Domitius der Ankläger des Marcus Scaurus, und dessen Sklave kommt zu Domitius.

** Vgl. Plutarch, *Vita Catos d. J.* 21 sowie Cicero, *Rede für Murena.*

*** Simonides, *Frg.* 3 Diehl. Auch zitiert von Plutarch, *Vita Timoleons* 37. Simonides von Keos: bedeutender Lyriker um 556–467 v. Chr.; bekannt ist sein Epigramm auf die an den Thermopylen gefallenen Spartaner in den Perserkriegen 480 v. Chr.: »Wanderer, kommst du nach Sparta, verkündige dorten, du habest uns hier liegen sehen, wie das Gesetz es befahl.« (Übers. F. Schiller). Sein Ausspruch, Dichtung sei redende Malerei, wird u. a. von Horaz sowie von Lessing zitiert. – Die Haubenlerche, *alauda cristata*, d. h. dass keine Rose ohne Dornen ist.

**** Vgl. Plutarch, *Politische Lehren* mor. 813AB.

ten anfangen, nachdem wir alle unsere Feinde losgeworden sind.« So wird es auch bei uns sein. Wenn wir unsere negativen Gefühle gegen unsere Feinde abreagiert haben, werden wir unseren Freunden damit weniger beschwerlich fallen. Es muss doch nicht, wie der Dichter Hesiod meint, der Töpfer den Töpfer beneiden, noch ein Sänger den anderen,* noch muss man sich ereifern über einen Nachbarn, den Neffen oder den Bruder, »wenn er den Weg zum Wohlstand einschlägt« und Glück hat in seinen Unternehmungen. Doch wenn es keinen anderen Weg gibt, um Streitigkeiten, Neid und Anfeindung ein Ende zu machen, dann gewöhne dir an, deine Feindseligkeit nur dann loszulassen, wenn es deinem Feind gut geht und schärfe dann die Waffen deiner Streitsucht. [92B] So machen es erfahrene Gärtner: Sie glauben, ihre Rosen und Veilchen dadurch zu verbessern, indem sie daneben Knoblauch und Zwiebeln anpflanzen. Alles, was in den Blumen scharf, bitter und übel riechend ist, sondert sich ab und zieht in diese Pflanzen. So nimmt auch der Gegner das Schlechte und Feindselige an und zieht es auf sich, dich selbst aber macht er für deine Freunde in ihrem Wohlergehen eher liebenswürdig und umgänglich.

Daher müssen wir auch den Wettbewerb aufnehmen mit unseren Gegnern um Ansehen und Einfluss, um ein Amt oder anständigen Gelderwerb und dürfen nicht nur einen Stachel des Neides spüren, wenn sie uns überlegen waren. Wir müssen vielmehr auch genau alles prüfen [92C], wodurch sie den Sieg über uns davongetragen haben und müssen versuchen, sie wiederum zu übertreffen an Sorgfalt und Fleiß, Besonnenheit und Selbstkritik. So hat es Themistokles gemacht: Er sagte, der Sieg des Miltiades bei Marathon lasse ihn nicht mehr schlafen.** Wer nun meint, es sei eben pures Glück, dass ein Gegner erfolgreicher sei, was die Posten in den öffentlichen Ämtern, bei Gericht, in der Staatsverwaltung betreffe oder eine Vertrauensstellung bei Freunden oder führenden Personen, und der dann, statt aktiv zu sein und in Konkurrenz zu treten,

* Hesiod, *Erga – Werke und Tage* 24–26; hier ist jedoch der fruchtbare Wettbewerb gemeint. Vgl. ebd. 24: Der Streit (*eris*) ist gut für die Menschen.

** Themistokles entwickelte dann die erfolgreiche Strategie im Seekrieg gegen die Perser mit dem Sieg bei Salamis 480 v. Chr. Vgl. Plutarch, *Vita des Themistokles* 3; 113B.

absinkt in ständiges Schimpfen und mutloses Jammern, der hat an dieser Art von Neid einen untätigen und nutzlosen Hausgenossen. Wer sich aber nicht blenden lässt in seiner Feindschaft, sondern sich zu einem unvoreingenommenen Beobachter des Lebens, des Charakters, der Worte und Taten seines Gegenübers macht, der wird erkennen, dass die meisten Erfolge, die den Neid auf sich ziehen [92D], von denen errungen wurden, die dafür sorgsames Bemühen, planvolle Überlegung und tüchtiges Handeln eingesetzt haben. Und wenn er das erkannt hat, dann wird er alle seine Kräfte anspannen, um seine ehrgeizigen und hohen Ziele zu verwirklichen und wird seinen Hang zu Trägheit und Nachlässigkeit ausmerzen.

11. Selbst wenn unsere Gegner offenbar mit Schmeichelei, Intrigen, Bestechung oder käuflichen Diensten Posten erreicht haben am Hof oder in der Staatsverwaltung – auf schimpfliche und unehrenhafte Weise – dann soll uns das nicht niederdrücken. Nein, im Gegenteil: Wir können dem ja frohgemut unsere innere Freiheit und ein Leben ohne Fehl und Tadel gegenüberstellen. Denn Platon hat ja Recht, wenn er sagt: [92E] »Durch alles Gold auf und unter der Erde wird die Tugend nicht aufgewogen«.* Und auch das Wort des weisen Solon sollten wir immer bereit haben:

> Wir werden sicher nicht mit ihnen tauschen:
> unsere Tugend für ihren Reichtum,**

auch nicht für den Beifall von Zuschauern im Theater, die auf anderer Leute Kosten gespeist haben, noch für solche Auszeichnungen wie Logenplätze neben Eunuchen und Kurtisanen und Verwaltungsposten bei Königen. Nichts Erstrebenswertes oder Edles entsteht ja aus Unehrenhaftem. Doch die Liebe ist blind gegenüber dem Geliebten, wie bekanntlich Platon sagt,*** und so sind es eher unsere Feinde, die durch ihr anstößiges Verhalten uns den Blick auf uns selbst schärfen. Daher sollte weder Freude über ihre Misserfol-

---

* Platon, *Nomoi – Gesetze* 728a.

** »... denn Tugend ist stets zuverlässig,/Reichtum hat von den Menschen bald dieser, bald jener«. Solon, *Eunomie* 49f., so zitiert in Plutarch, *Über den Fortschritt in der Tugend* mor.78C.

*** Platon, *Nomoi – Gesetze* 731e: die Selbstliebe.

ge uns in Untätigkeit verfallen lassen, noch der Kummer über ihre Erfolge. Beides soll uns vielmehr zu bedenken geben, dass wir uns vor dem einen hüten [92F] und dadurch besser werden als sie, das andere aber sollten wir nachahmen, um keinesfalls schlechter dazustehen.

III Wie man den Schmeichler vom Freund unterscheidet – wie man Kritik übt

1. [48E] Wer seine allzu große Eigenliebe eingesteht, mein lieber Antiochos Philopappos,* der findet allgemein Verzeihung, wie Platon sagt. Freilich meint er auch, es entstünde daraus, neben manch anderem, ein recht großer Nachteil: Denn der Betreffende kann sich selbst gegenüber unmöglich ein gerechter und unbestechlicher Richter sein. Denn die Liebe macht uns blind gegenüber dem geliebten Objekt, [48F] wenn wir nicht gelernt haben und darin geübt sind, das Ehrenvolle mehr zu schätzen als das, was uns angeboren und vertraut ist. Ebendies verschafft dem Schmeichler im Rahmen der Freundschaft ein weites Betätigungsfeld – die Eigenliebe bietet ihm eine ausgezeichnete Operationsbasis. Diese Eigenliebe lässt ja jeden von uns zu unserem ersten und größten Schmeichler werden. Wir tragen kein Bedenken, jemand Fremden an uns heran zu lassen, [49A] von dem wir glauben und wünschen, an ihm einen Bürgen und Gewährsmann für unsere Überzeugungen und Pläne zu gewinnen. Wer sich dem Vorwurf aussetzt, Schmeichler gerne um sich zu haben, der liebt sich selbst allzu sehr, und da er gar so eingenommen ist von sich selbst, wünscht er, alles Erstrebenswerte zu besitzen, und glaubt auch, er habe alles. Der Wunsch danach ist nicht unnatürlich, die Einbildung aber ist ein gefährlicher Wahn, vor dem man sich sorgfältig hüten muss. Ist die Wahrheit etwas Göttliches, und nach Platon »der Anfang alles Guten bei Göttern und Menschen«**, dann

* Gaius Julius Antiochos Philopappos stammte aus der Dynastie der Könige von Kommagene, von denen noch die Monumente auf dem Nemrud Dagh künden (in der heutigen Türkei). Von den Römern aus seiner Herrschaft entsetzt trug er noch ehrenhalber den Königstitel und lebte in Athen. Auf dem dortigen Philopappos-Hügel (heute sehr geschätzt wegen seiner Aussicht) sieht man Reste seines Grabdenkmals, das die Athener ihm als einem Wohltäter der Stadt gestiftet hatten (um 114–116 n. Chr.). Plutarch war zugegen bei einem glänzenden Gastmahl, das Philopappos in Athen gegeben hatte, um die Sänger in einem Chorwettbewerb zu ehren. Solche Großzügigkeit mochte ihn auch zu einem begehrten Ziel von Schmeichlern machen (Plutarch, *Tischgespräche* mor. 628B). – Platon, *Nomoi – Gesetze* 731d–e;.

** Platon, *Nomoi – Gesetze* 730C.

muss wohl der Schmeichler den Göttern verhasst sein, und ganz besonders dem pythischen Gott von Delphi. Denn er steht stets im Widerspruch zur Regel Apollons: »Erkenne dich selbst«; [49B] vielmehr bringt er jeden zu Selbsttäuschung und Unwissen über sich selbst wie auch über seine Vorzüge und Fehler: Das Positive bleibt mangelhaft und unvollkommen, das Negative ohne die Möglichkeit einer Verbesserung.

2. Wenn nun der Schmeichler, wie die meisten anderen Übel, sich nur oder hauptsächlich an minderwertige und schlechte Menschen hielte, dann wäre dies nicht so schlimm und nicht so schwer abzuwehren. Aber wie der Holzwurm sich mit Vorliebe in feines und wohlriechendes Holz einbohrt, so bieten auch ehrliebende, redliche und anständige Menschen dem Schmeichler, der sich an sie hängt, Eingang und Unterhalt. Gerade wie der Dichter Simonides* sagt, dass die Pferdezucht nicht auf [ganz von Wald bestandenen Inseln wie] Zakynthos gedeiht, sondern auf weizentragenden Gefilden, [49C] so sehen wir die Schmeichler nicht im Gefolge von Leuten, die arm, unbekannt oder ohne Einfluss sind, vielmehr werden sie zu Verderb und Pestilenz für mächtige Familien und bedeutende Unternehmungen und bringen oft sogar Königtümer und Herrschaften zu Fall. Daher ist es keine einfache Aufgabe und nichts, was wenig Aufmerksamkeit verlangt, hier größte Vorsicht walten zu lassen, damit man dieses Übel recht erkennt, bevor es die Freundschaft schädigt oder korrumpiert.

Läuse ziehen sich ja öfters von Sterbenden zurück und verlassen den Körper, wenn das Blut, von dem sie sich nähren, seine Wärme verliert. So sieht man auch die Schmeichler gewiss nicht bei Unternehmungen ohne Saft und Kraft; [49D] sie kommen, wo Ruhm und Erfolg winken, da fallen sie ein und vermehren sich; wenn sich ein Wandel andeutet, machen sie sich schnell davon. Doch darf man es nicht bis zu dieser bitteren Erfahrung kommen lassen – was nämlich

* Zu Simonides s. o. S. 43**. Sein Ausspruch über die Pferdehaltung (18 Diehl, F86 Page) hat Bezug zu Homer, *Odyssee* 4,600ff.: Telemach weist Pferde als Gastgeschenk des Königs Menelaos in Sparta zurück: Die Pferde sollen hierbleiben, wo es nährende Grasflur und weizentragende Felder gäbe – sein Ithaka nähre eher Ziegen.

nichts mehr nützt, sondern eher schädlich und nicht ungefährlich ist. Denn es ist hart, wenn man gerade zu dem Zeitpunkt, wo man sie braucht, entdecken muss, dass man keine wahren Freunde hat, denn dann ist es nicht mehr möglich, den falschen und unzuverlässigen Freund durch einen redlichen und treuen zu ersetzen. Man muss vielmehr den Freund, wie eine Münze, geprüft haben, bevor man ihn braucht, und ihn nicht erst durch die Not prüfen lassen. Wir sollen ja nicht durch Schaden klug werden, sondern uns, damit wir keinen Schaden erleiden, schon vorher Erfahrung aneignen und lernen, wie man einen Schmeichler erkennt. [49E] Sonst geht es uns wie denjenigen, die tödliche Drogen erproben wollen, indem sie sie kosten. Um ein Urteil zu gewinnen, stürzen sie sich selbst in tödliches Verderben.

Wir loben also keinen unüberlegten Umgang mit der Freundschaft, aber ebenso wenig loben wir diejenigen, die einen Freund nur nach dem Angenehmen und dem Nützlichen einschätzen und wenn einer freundlich auf sie zukommt, gleich meinen, einen Schmeichler auf frischer Tat ertappt zu haben. Ein Freund hat ja nichts Unangenehmes und Abstoßendes an sich; durch ein herbes und raues Wesen gewinnt die Freundschaft nicht an Würde: Gerade das Schöne und Würdige an ihr macht sie süß und erstrebenswert. So ist es, [wie Hesiod sagt,*] dass die Chariten, die Göttinnen des Liebreizes, und Himeros, das Sehnen, bei ihr wohnen. [49F] Und nicht nur im Unglück lässt sich mit Euripides sagen, süß sei es, ins Auge eines treuen Menschen zu blicken, denn die Freundschaft bringt in glücklichen Tagen Freude und Vergnügen im gleichen Maße, wie sie im Unglück den Kummer nimmt und uns Beistand leistet in unseren Nöten. Und wie Euenos** gesagt hat [50A], Feuer auf dem Herd sei das beste Gewürz, so hat auch die Gottheit, indem sie die Freundschaft in unser Leben eingebunden hat, alles herzerwärmend, heiter und angenehm gemacht, wenn Freunde dabei sind und unseren Genuss teilen.

---

* Hesiod, *Theogonie* 63. – Euripides, *Ion* 732.

** Dichter und Philosoph um 450 v. Chr.

Man könnte sich ja nicht erklären, warum sich der Schmeichler bei Freude und Vergnügen einschleicht, wenn er nicht sähe, dass die Freundschaft dafür empfänglich ist. Wie Gefäße von unechtem Gold und billigem Metall nur den äußeren Glanz und Schimmer wiedergeben, so ahmt auch der Schmeichler nur die angenehmen und gefälligen Seiten der Freundschaft nach; er gibt sich stets munter und gut aufgelegt, ohne jemals Widerspruch zu äußern oder Widerstand zu leisten. [50B] Doch das ist wiederum kein Grund, dass wir jeden, der uns lobt, gleich im Verdacht haben, er wolle uns nur schmeicheln.

Denn ein Lob zur rechten Zeit – das verträgt die Freundschaft ebenso wie einen Tadel. Aber einer, der ewig schlechte Laune hat und uns dauernd kritisiert, ist nicht zur Freundschaft und zum ständigen Umgang geeignet. Wo aber jemand in wohlwollender Gesinnung uns neidlos und bereitwillig lobt für das, was wir richtig gemacht haben, da ertragen wir auch einen Tadel oder eine freimütige Äußerung leicht und ohne Missmut. Wir billigen sie in der Überzeugung, dass der, welcher gern lobt, nur gezwungenermaßen tadelt.

3. Nun könnte man wohl sagen, es sei schwierig, den Schmeichler vom Freund zu unterscheiden, wenn sich weder bei Freude und Vergnügen noch beim Loben ein Unterschied feststellen lässt. [50C] Ja, man kann in der Tat bei manchen Diensten und Gefälligkeiten öfters sehen, dass die Schmeichelei der Freundschaft den Rang abläuft. Wie sollte es da nicht schwierig werden, können wir sagen, wenn wir dem echten Schmeichler auf der Spur sind, der sein Geschäft clever und routiniert betreibt. Das heißt, wenn wir nicht, wie die Leute allgemein, nur diejenigen für Schmeichler halten, die sich selber Sklavendienste tun müssen,* und die Schmarotzer bei Gastmählern, die, wie man gesagt hat, schon gleich losschwatzen, wenn ihnen das Waschwasser [vorm Essen] auf die Hände gegossen wird – ihr anbiederndes, schamloses und vulgäres Wesen fällt ja schon beim ersten Gang und beim ersten Becher in die Augen. So sollte man auch nicht jenen Melanthios, den Schmarotzer des Königs Alexander von Pherai, unter die gerissenen Schmeichler zählen, der auf die Frage,

* Wörtlich: die niemand haben, der ihnen Schwamm und Ölfläschchen, d. h. ihre Utensilien, zum Sport oder zum Baden nachträgt.

wie denn der König ermordet worden sei, geantwortet hat: »Es war ein Stoß durch die Rippen, der mich in meinem Magen traf!« [50D] Und auch die gehören nicht dazu, die sich zu den Tischen der Reichen drängen und

> Weder durch Feuer, noch durch Eisen
> oder Erz sich abhalten lassen,
> sich an der Tafel einzufinden.*

Auch solche meinen wir nicht, wie die Schmeichlerinnen, die von Zypern nach Syrien herüber kamen und den Spitznamen »Leiterchen« erhielten**, da sie sich bückten und so die vornehmen Damen vom Hofe auf ihrem Rücken in ihre Wagen einsteigen ließen.

4. Vor wem müssen wir uns denn nun in Acht nehmen? Vor dem, der gar nicht ins Bild eines Schmeichlers passt und es nicht zugeben würde, einer zu sein, den man nicht antrifft, wie er vor der Küche herumlungert noch den Schatten der Sonnenuhr im Auge hat, um sogleich zum Essen zu eilen, der nicht betrunken da liegt, wo er gerade hingefallen ist – [50E] nein, er ist gewöhnlich stocknüchtern und äußerst geschäftig, meint, überall mitmischen zu müssen und will alles wissen, was im Geheimen vor sich geht. Er tritt dabei als Freund mit Ernst und Würde auf wie in der Tragödie und spielt keineswegs die Rolle eines Spaßmachers wie in der Komödie. Platon sagt ja,*** es sei die äußerste Ungerechtigkeit, gerecht zu scheinen, ohne es zu sein. So muss man auch die Art der Schmeichelei für gefährlich halten, die sich tarnt – nicht die offen erkennbar ist, nicht eine, die Späße macht, sondern die sich ernsthaft gibt. Diese Art kann auch wahre Freundschaften mit Argwohn vergiften, wenn wir nicht genau aufpassen, denn sie stimmt in manchen Zügen oft mit diesen überein. Da gibt es die Geschichte von dem Perser Gobryas, der zugleich mit dem vor ihm fliehenden Magier in ein dunkles Gemach geraten und mit ihm in einen Zweikampf verwickelt war. Er rief dem Dareios, der unschlüssig stehen geblieben war, zu, [50F] er solle mit dem

---

* Aus der Komödie des Eupolis *Die Schmeichler*, zitiert bei Plutarch auch mor. 778D: Der Philosoph muss sich mit Regenten unterhalten.

** Wortspiel mit *kolakides*, Schmeichlerinnen, und *klimakides*, Leiterchen.

*** Platon, *Politeia – Vom Staat* 361a.

Schwert zustoßen, auch wenn er sie beide durchbohren würde.* Wir billigen keineswegs den Satz: »Es soll mit dem Feind auch der Freund untergehen!« Doch indem wir versuchen, den Schmeichler, der durch so viele ähnliche Züge mit dem Freund verbunden ist, von diesem zu trennen [51A], müssen wir uns sorgfältigst hüten, mit dem Schlechten zugleich das Gute auszutreiben, oder aus Schonung des uns Vertrauten uns selber Schaden zuzufügen. So geht es, denke ich, wenn Unkrautsamen sich mit Weizen vermischt hat, der diesem ganz ähnlich sieht im Aussehen und in der Größe: Er ist schwer auszuscheiden, denn entweder fällt er nicht durch ein engmaschiges Sieb, oder er fällt zusammen mit dem Weizen durch die Löcher eines weiten Siebes. In gleicher Weise mischt sich die Schmeichelei in jede Stimmung, jede Bewegung, in alles, was wir treiben und in alle unsere Angewohnheiten ein, so dass sie kaum von einem echten freundschaftlichen Umgang zu trennen ist.

5. Da es nun nichts gibt, was uns so lieb ist wie die Freundschaft und nichts uns so viel Vergnügen macht, wirft der Schmeichler im Bereich des Vergnügens seine Netze aus und benutzt es als Köder. [51B] Und weil die Freundschaft Gefälligkeit und Nutzen im Gefolge hat – daher heißt es ja, der Freund sei notwendiger als Feuer und Wasser** –, drängt sich der Schmeichler zu Diensten aller Art auf und gibt sich alle Mühe, stets ernsthaft, unverdrossen und bereitwillig zu erscheinen. Der beste Kitt für die Freundschaft gleich von Anfang an besteht doch darin, ähnliche Interessen und Gewohnheiten zu haben und die gleichen Dinge zu mögen oder nicht zu mögen; das ergibt ein Gefühl der Sympathie und bringt die Menschen zusammen. Das weiß der Schmeichler sehr wohl, und wie eine formbare Materie bildet und modelliert er sich und sucht sich denen anzupassen [51C] und ähnlich zu werden, auf die er es mit Hilfe seiner Nachahmungstaktik abgesehen hat.*** So aalglatt ist er als Verwandlungs-

* Im Kampf um die persische Königsherrschaft, den Dareios schließlich gewann, nachdem er die Gruppe der sog. Magier mithilfe von Freunden gestürzt hatte. Vgl. Herodot 3,78.

** Vgl. Cic., *Lael.* 6,22.

*** Vgl. Plutarch, *Vita des Alkibiades* 23, 203C. Alkibiades, der athenische Politiker und Abenteurer besaß, wie Plutarch hervorhebt, in hohem Grade die Kunst, sich überall anzupassen, schneller sogar als ein Chamäleon, und alle für sich einzunehmen. – Dort auch das folgende Zitat aus einer unbekann-

künstler, so überzeugend als Doppelgänger, dass das Wort aus der Tragödie auf ihn passt:

> Nicht Achilleus' Sohn bist du, du bist er selber ja!

Der übelste Trick von allen aber ist folgender: Der Schmeichler merkt, dass eine freimütige Sprache für die der Freundschaft eigene Stimme angesehen wird und dafür gilt – so wie jedes Lebewesen seine besondere Ausdrucksweise hat – und wer es daran fehlen lässt, dem fehle es, so meint man, auch an wahrer freundschaftlicher und edler Gesinnung. Da will er auch hier seine Nachahmungskünste nicht unerprobt lassen, und wie geschickte Köche bittere Säfte und scharfe Gewürze gebrauchen, um ihren Süßspeisen das Übersättigende zu nehmen, so wenden die Schmeichler keine wahrhaftige und Nutzen bringende Freimütigkeit an [51D]: Sie ziehen streng die Augenbrauen hoch, zeigen aber nur eine vorgespiegelte Ernsthaftigkeit. Deshalb ist ein solcher Typ schwer festzunageln; es ist wie mit den Tieren, wie dem Polypen und dem Chamäleon, die ihrer Natur nach die Farbe verändern und sich ihrem Untergrund und ihrer Umgebung genau anpassen können. Weil der Schmeichler aber nun die Ähnlichkeit zur Täuschung benutzt und sich dahinter versteckt, ist es unsere Aufgabe, ihn anhand der Unterschiede zu entlarven und bloßzustellen – ihn, der sich, wie Platon sagt, »mit fremden Farben und Verzierungen aus Mangel an eigenen geschmückt«.*

6. Wir wollen daher die Freundschaft gleich von ihrem Ausgangspunkt aus betrachten. Wie bereits gesagt geht Freundschaft bei den meisten Menschen aus einer Übereinstimmung ihrer Natur und ihrer Sinnesart hervor, die zu einer weitgehenden Sympathie führt. [51E] Sie pflegen mit Vorliebe die gleichen Gewohnheiten und Neigungen und finden Gefallen an denselben Unternehmungen, Geschäften und Freizeitbeschäftigungen. Darüber hat ein Dichter gesagt:

---

ten Tragödie; angeredet wird Neoptolemos, der Sohn des Achilleus. Er eroberte Troja. Zum Vergleich mit dem Polypen vgl. das Ende von *Soll man viele Freunde haben*? mor. 96F ff. (s. o.)

* Platon, *Phaidros* 239d.

»Ein alter Mann hört am liebsten die Stimme eines Alten, das Kind die eines Kindes, zur Frau passt die einer Frau, zum Kranken der Kranke, und wen Unglück traf, dem wird ein Tröster, wer dasselbe erlitt.«

Der Schmeichler weiß nun wohl, dass sich von Natur aus gern Gleiches zum Gleichen gesellt und man Freude am Umgang mit seinesgleichen hat. Daher sucht er sich zunächst von dieser Seite her einem jeden zu nähern und ihm beizukommen. Er macht das so wie einer, der ein wildlebendes Tier fangen und zähmen will und sich an seine Weidegründe oder Futterplätze heranpirscht und seine Gewohnheiten studiert.* So nähert er sich seinem Objekt Schritt für Schritt und nimmt mit der gleichen Art der Betätigung und des Zeitvertreibs, der Interessen und der Lebensweise [51F] gewissermaßen die Farbe des anderen an, bis der ihn an sich heran lässt, handzahm wird und sich an ihn gewöhnt. Dann beginnt der Schmeichler damit, Kritik zu äußern gegenüber Handlungen, Lebensgewohnheiten und Personen, von denen er weiß, dass sie dem andern missfallen. Er lobt dagegen das, was dessen Gefallen findet, und zwar nicht maßvoll, sondern als wolle er ihn noch übertreffen [52A] in Staunen und Bewunderung. Und er versichert zugleich, dass er in seinem positiven wie negativen Urteil eher sorgfältiger Überlegung als seinem Gefühl folge.

7. Wie lässt sich nun ein solcher Schmeichler überführen, und anhand welcher Kriterien können wir entdecken, dass er uns nicht gleich ist, es auch nie sein wird, sondern diese Ähnlichkeit nur simuliert? Zunächst muss man beobachten, ob er konsequent bei seinen Grundsätzen bleibt, ob er immer das Gleiche mag und es gut findet, ob er seine Lebensweise nach einem und demselben Prinzip ausrichtet, wie es einem Menschen mit edler Gesinnung entspricht, der Freundschaft und vertrauten Umgang mit jemand Gleichgesinntem liebt. Wenn das alles zutrifft, dann ist er ein Freund. Der Schmeichler hingegen, der kein eindeutiges charakterliches Fundament hat und auch nicht bestrebt ist, eine bestimmte Lebensweise für sich zu wählen, sondern eher die eines anderen [52B], und sich nach einem an-

* Vgl. Platon, *Politeia – Vom Staat* 7,493ff. und seinen Vergleich mit den Sophisten, den bedenklichen »Volkserziehern.«

deren formt und sich ihm anschmiegt, der ist weder geradlinig noch immer ein und derselbe. Er verändert sich auf alle mögliche Weise, ist vielfältig, wandelt sich aus einer Gestalt in eine andere, und wie Wasser, das von einem Gefäß ins andere geschüttet wird, ist er ständig in Bewegung, um die Gestalt dessen anzunehmen, bei dem er landen will.

Affen können angeblich gefangen werden, weil sie herankommen und einen Menschen nachahmen, der vor ihnen Tanzbewegungen macht.* Der Schmeichler dagegen führt von sich aus andere an und lockt sie in die Falle. Dabei ahmt er nicht alle auf die gleiche Weise nach: Mit dem einen tanzt und singt er, mit dem anderen wälzt er sich beim Ringen im Staub. Hat er es mit einem Jäger mit einer Hundemeute zu tun, dann folgt er ihm und tut beinahe so wie die [liebeskranke] Phädra [52C]:

> O ihr Götter, welche Lust, die Hunde anzufeuern,
> geflecktem Damwild nachzusetzen im Lauf!**

Dem Schmeichler geht es nicht um das Wild; was er zu fangen und ins Netz zu ziehen sucht, ist der Jäger. Ist er dagegen auf der Spur eines literaturbeflissenen und lernbegierigen jungen Mannes, dann lebt er in den Büchern, lässt sich einen Bart bis auf die Füße wachsen: Jetzt ist ein zerschlissener Philosophenmantel angesagt und eine stoische Miene, und aus seinem Mund kommt nichts als Platons Zahlenlehre und seine geraden Winkel und Dreiecke. Ist er aber auf einen Bruder Leichtfuß verfallen, einen wackeren Zecher und reich, dann geht es so:

> Jetzt aber warf seine Lumpen ab
> der erfindungsreiche Odysseus.***

---

* Plutarch berichtet Ähnliches von der Zwergohreule, vgl. *Land- oder Wassertiere – wer ist klüger?* mor. 961E. Auch in *Gastmahlgespräche* 7 mor. 705A.

** Euripides, *Hippolytos* 218f. Die in ihren Stiefsohn Hippolytos verliebte Phaidra, die Gattin des Theseus in Athen, will Hippolytos, dem begeisterten Jäger, nachfolgen auf die Jagd.

*** Homer, *Odyssee* 22,1: Odysseus wirft seine Bettlerverkleidung ab und beginnt den Kampf gegen die Freier.

Weg ist der Philosophenmantel, der Bart wird abgeschoren wie ein unergiebiges Saatfeld, nun kommen Weinkühler und Trinkschalen dran, lautes Gelächter beim Herumspazieren und Spottreden auf die armen Philosophen.

[52D] So war es ja, heißt es, bei Platons Besuch in Syrakus: Nachdem er dort angekommen war, wurde der Herrscher Dionysios von einem geradezu wahnsinnigen Eifer für die Philosophie ergriffen, und der Königspalast war voller Staubwolken wegen der Menge der Leute, die geometrische Figuren in den Sand zeichneten.* Als aber Platon in Ungnade gefallen war und Dionysios sich von der Philosophie losgesagt und sich wieder ins Trinken, in Liebesabenteuer, kindische Possen und liederlichen Zeitvertreib gestürzt hatte, da waren sie allesamt, wie von Kirkes Zauberstab verwandelt, abgesunken in Rohheit, Leere und Stumpfsinn.

Das wird auch bestätigt durch das Verhalten der großen Schmeichler und Volksverführer, von denen der größte Alkibiades war. In Athen glänzte er durch seinen Witz, seinen Rennstall [52E] und ein gewinnendes und charmantes Wesen. In Sparta aber schor er sich den Kopf kahl, trug einen abgetragenen Mantel und badete in kaltem Wasser. In Thrakien war er kriegerisch und trinkfest. Als er aber an den persischen Hof zu Tissaphernes kam, da ergab er sich dem weichlichen Leben im Luxus und spielte den großen Herrn. Indem er sich so allen ähnlich zu machen verstand und sich ihrer Lebensweise anschloss, machte er sich bei allen beliebt und gewann sie für sich. Männer vom Schlag des Epaminondas oder Agesilaos** betrugen sich freilich nicht so. Sie kamen zwar mit vielen Menschen und Städten mit ganz unterschiedlicher Lebensweise in Berührung, doch sie bewahrten stets die Würde ihres eigenen Charakters, in ihrer Kleidung, bei Tisch, in ihrer Redeweise und ihrer ganzen Lebensführung. So war auch Platon in Syrakus der gleiche wie in Athen in der Akademie, und zu Dionysios ebenso wie zu Dion. [52F]

---

* Plutarch, *Vita des Dion* 13. Zu Platons Aufenthalt in Syrakus vgl. auch dessen 7. Brief. – Zu Alkibiades vgl. Plutarchs Vita.

** Epaminondas: Staatsmann und Heerführer in Theben, sicherte die Vorherrschaft Thebens gegenüber Sparta (371 v. Chr.Schlacht von Leuktra). Zu Agesilaos und Dion vgl. Plutarchs *Viten*.

8. Die Veränderlichkeit eines solchen Schmeichlers, der einem Polypen gleicht*, wird man am leichtesten entdecken, wenn man sich selbst zum Schein immer wieder verändert. Man tadelt die Art zu leben, die man früher lobte, findet plötzlich Gefallen an Handlungen, am Verhalten oder an Redeweisen, die man vorher ablehnte. [53A] Man wird so die Unbeständigkeit und Charakterlosigkeit des Schmeichlers erkennen. Nicht aus eigenem Antrieb zeigt er Liebe und Hass, Freude und Betrübnis, vielmehr nimmt er wie ein Spiegel nur Bilder von fremden Gefühlen, Lebensweisen und Bewegungen in sich auf. So gebärdet er sich: Tadelst du in seiner Gegenwart einen der Freunde, bemerkt er: »Ziemlich spät hast du gemerkt, was das für ein Mensch ist – mir gefiel er schon lange nicht!« Änderst du deine Ansicht aber und lobst den Betreffenden wieder, wird er sagen: »Ich freue mich wahrhaftig mit dir und danke dir im Namen des Mannes – ich habe volles Vertrauen zu ihm!« Sprichst du davon, deine Lebensweise zu ändern, etwa aus dem öffentlichen Leben auszuscheiden und in ruhiger Beschaulichkeit zu leben, [53B] da erwidert er dir: »Schon längst hätten wir dieser Welt der Unruhe und des Neides den Rücken kehren sollen.« Stellst du dich aber, als wolltest du wieder in die öffentliche Tätigkeit zurückkehren, da ruft er dir gleich zu: »Da zeigt sich deine würdige Gesinnung! Ohne Aufgaben zu leben ist zwar angenehm, aber doch ruhmlos und armselig.« Man soll einem solchen Menschen nur gleich zurufen, wie es beim Dichter heißt:**

> Anders gänzlich, o Gast, als eben vorhin erscheinst du!

Ich brauche keinen Freund, der sich mit mir dreht und wendet, der zustimmend nickt zu allem, was ich sage – das kann mein Schatten noch besser – ich will einen, der mit mir die Wahrheit sucht und mit mir alles prüft und beurteilt.

Dies ist nun eine Art, den Schmeichler zu enttarnen.

---

* Plutarch bringt öfters das Beispiel des Polypen oder des Chamäleons, wie hier 53D, vgl. u. a. *Soll man viele Freunde haben.* mor. 96F (s. o.).

** Homer, *Odyssee* 16,181: Athene hat Odysseus für die Begegnung mit seinem Sohn aus dem alten Bettler wieder in seine frühere Gestalt verwandelt.

9. Es gibt aber noch einen weiteren Punkt bei seinen Imitationskünsten, den es zu beachten gilt. Der wahre Freund ahmt nicht alles nach und [53C] lobt auch nicht alles gleich überschwänglich: Ihm geht es nur um das Beste.

Nicht mitzuhassen, mitzulieben bin ich da,

wie es bei Sophokles heißt* – er steht wahrhaft an unserer Seite im rechten Handeln und in der Liebe zum Guten, aber nicht als Genosse bei Verfehlungen und Irrwegen. Als Ausnahme mag es gelten, dass er sich, ohne es zu wollen, durch den nahen Umgang, wie bei einer Augeninfektion, gleichsam mit Minderwertigem oder Fehlerhaftem angesteckt hat. So haben ja auch, wie es heißt, die Freunde Platons dessen gebückte Haltung nachgeahmt, die des Aristoteles sein Anstoßen mit der Zunge und die Gefährten König Alexanders dessen Drehung des Halses und seinen rauhen Gesprächston. [53D] Manche übernehmen ja ohne es zu merken vieles von den Eigenheiten und Lebensgewohnheiten anderer. Der Schmeichler aber verhält sich gerade so wie das Chamäleon; dieses kann alle Farben annehmen, nur nicht die weiße. Er aber lässt bei seiner Angleichung nichts Übles aus, während er sich wirkliche Werte nicht selbst aneignen kann. Es ist gerade wie bei schlechten Malern, die aus mangelnder Kunst das wahre Schöne an ihren Objekten nicht erreichen können, und die daher nur in Runzeln, Warzen und Narben eine Ähnlichkeit herauszubringen suchen. So ahmt auch der Schmeichler solches nach wie Unmäßigkeit, Aberglauben, Jähzorn, Härte gegen Sklaven und Misstrauen gegen vertraute Freunde und Verwandte. Er ist ja selbst von Natur aus zum Bösen geneigt, [53E] und weil er die schlechten Seiten nachahmt, kann man von ihm auch kein ablehnendes Urteil über negatives Verhalten erwarten.

Diejenigen, die sich um das Bessere bemühen und Kummer und Missbilligung über die Vergehen ihrer Freunde erkennen lassen, die machen sich leicht verdächtig. So erging es Dion mit Dionysios, Samios mit König Philipp V. von Makedonien, dem Spartaner Kleomenes bei König Ptolemaios in Alexandria:** Sie fielen in Ungnade und

---

* Antigone 523. Vgl. Kap. 23, 64C.

** Zu Dion vgl. Plutarchs *Vita des Dion* 8,1–2. – Samios ein Dichter, begünstigt

kamen um. Der Schmeichler will ja ein gleichermaßen angenehmer wie loyaler Gesellschafter sein und auch so erscheinen. Daher tut er so, als habe er Gefallen am Schlechten: Aus seiner übergroßen Zuneigung heraus nähme er, sagt er, keinen Anstoß an Dingen, die nicht so ganz richtig seien – er teile vielmehr alle Neigungen des anderen und sei mit ganzer Seele dabei. Daher wollen sich solche Leute sogar nicht ausschließen von Dingen im Leben, die ohne unseren Willen, durch Zufall geschehen. Sie schmeicheln einem Kranken, indem sie vorgeben, an derselben Krankheit zu leiden. Sie erklären, sie würden schlecht sehen oder hören, wenn sie mit Leuten zusammen sind, die halb blind oder schwerhörig sind. So machten es die Schmeichler am Hof des Dionysios von Syrakus, [53F] der stark kurzsichtig war: Sie stießen aneinander und warfen an der Tafel aus angeblicher Kurzsichtigkeit die Dessertschüsseln um. Manche halten sich mehr an das Gefühlsleben des Betreffenden und suchen da tiefer einzudringen und gehen mit ihrer Komplizenschaft bis in die geheimsten Dinge. [54A] Merken sie etwa, dass einer unglücklich verheiratet ist oder kein Vertrauen hat zu seinen Söhnen oder Angehörigen, dann schonen sie sich selbst nicht: Sie jammern über ihre eigenen Kinder, ihre Ehefrauen, Verwandten oder Hausgenossen und lassen Andeutungen fallen über geheime Ursachen für diese Dinge. Eine solche angebliche Schicksalsgenossenschaft schafft noch mehr Sympathie; der Freund glaubt nämlich, darin ein Unterpfand des Vertrauens erhalten zu haben und offenbart nun auch seinerseits dem Schmeichler so manches Geheimnis, schenkt ihm sein Zutrauen und scheut sich dann, es ihm wieder zu entziehen. Ja, ich kenne sogar einen Mann, der seine Ehefrau verstieß, nachdem sein Freund und Gönner sich von der seinen getrennt hatte. Doch der Schmeichler wurde ertappt, wie er seine Frau heimlich besuchte und ihr Botschaften sandte: Die Frau des Freundes hatte davon Wind bekommen.

---

von König Philipp V. von Makedonien, dann wohl wegen einer Kritik zum Tode verurteilt, floh zu Ptolemaios IV. Philopator nach Ägypten (um 200 v. Chr.), fiel auch dort in Ungnade und kam um. Kleomenes: spartanischer König und Heerführer, vgl. Plutarchs Vita sowie Herodot 6,65ff.

[54B] Wer da meint, die folgenden Verse bezögen sich nur auf einen Krebs und nicht auf einen Schmeichler, der weiß nicht, was ein raffinierter Schmeichler alles kann:

> Sein ganzer Leib ist Bauch, nach allen Seiten blickt
> Sein Aug', er ist ein Tier, das auf den Zähnen kriecht.

Das ist freilich das Bild eines Schmarotzers, von denen der Dichter Eupolis* sagt, dass ihre Freundschaft nur vom Frühstück bis zum Mittagessen reicht.

10. Doch wollen wir uns dies für eine geeignete Stelle unserer Diskussion aufsparen. Den folgenden Kunstgriff des Schmeichlers bei seinen Verwandlungskünsten dürfen wir aber nicht übergehen: Wenn er einmal etwas Gutes nachahmt bei der Person, die er auf dem Korn hat [54C], dann achtet er darauf, diesem darin den Vorrang zu lassen. Bei wahren Freunden gibt es ja weder Rivalität noch Neid; sie bleiben ruhig und gelassen, ob nun der eine oder der andere sich mehr hervortut. Der Schmeichler aber denkt immer daran, dass er die zweite Rolle spielt; so vermeidet er bei aller Gleichmacherei doch die direkte Übereinstimmung und lässt sich in allen Bereichen gern besiegen und übertreffen, nur nicht im Negativen. Darin lässt er sich den Vorrang nicht nehmen, sondern wenn zum Beispiel der andere schlecht gelaunt ist, dann sagt er, er selbst sei melancholisch; ist der andere abergläubisch, erklärt er, er sei im Bund mit Geistern und Dämonen. Hat der andere eine Liebschaft, ist er gleich im Liebeswahn. Oder: »Du hast ganz laut lachen müssen, aber ich wäre fast gestorben vor Lachen.« Wo es um positive Züge geht, macht er es genau umgekehrt. [54D] Da sagt er: »Ich laufe ganz schön schnell, er aber fliegt geradezu!« »Ich bin ein ziemlich guter Reiter, aber was ist das gegen diesen Zentauren?« »Ich habe ja ein poetisches Talent und mache nicht die schlechtesten Verse, aber:

> Das Donnern kommt nicht mir zu, sondern Zeus.**

---

* Eupolis: Dichter der Alten Komödie, Zeitgenosse des Aristophanes; für 421 v. Chr. ist eine Komödie *Kolakes – Die Schmeichler* bezeugt.

** Vers eines unbekannten Dichters, darauf angespielt wird in Plutarch, *Vita Alexanders* 28.

Damit erklärt er zugleich das Rühmliche dieser Bestrebungen und, indem er sich darin besiegen lässt, macht er den andern zum Helden. Darin nun bestehen, bei allen Bestrebungen sich anzugleichen, eben die Unterschiede des Schmeichlers zum Freund.

11. Da nun, wie zuvor gesagt, die Domäne des Vergnügens für beide gemeinsam ist – es hat ja der Redliche nicht weniger Freude an seinen Freunden als der Schlechte an seinen Scheinfreunden -, wollen wir nun hierbei den Unterschied genauer bestimmen. Bei dieser Unterscheidung kommt es darauf an, Zweck und Ziel des Vergnügens festzustellen. Wir wollen es einmal so ansehen: Es gibt einen angenehmen Duft bei einem Parfüm, aber auch bei einem Arzneimittel. [54E] Der Unterschied besteht darin, dass das eine hier nur zum Vergnügen da ist und zu sonst gar nichts, das Wohlriechende dort aber hat die Kraft, den Körper zu reinigen, zu erwärmen oder zu kräftigen. So mischen auch die Maler ihren Farben, damit sie frisch und bunt werden, allerlei Stoffe bei, und es gibt manche Heilmittel mit buntem Aussehen und einer durchaus ansprechenden Farbe. Worin besteht nun der Unterschied? Es ist doch klar, dass wir ihn nach dem Zweck des Gebrauchs bestimmen müssen. So haben die Vergnügungen von Freunden gleichermaßen das Angenehme, sozusagen die bunte Außenseite, zum Guten und Nützlichen dazu, und es gibt bei ihnen zuzeiten auch Spaß, Freude an Essen und Trinken, und wahrhaftig auch Lachen und Scherzen miteinander, [54F] als Würze für die edlen und ernsthaften Dinge, die sie betreiben. Das ist auch gemeint, wenn es bei Homer heißt:

> Sie freuten sich am Gespräch und redeten viel miteinander,*

und

> Nichts hätte uns beide getrennt, unsere Freundschaft
> in Freuden zu genießen.

* Homer, *Ilias* 11,643: Nestor und Machaon, aus der Schlacht zurückgekehrt. – Das folgende Zitat: *Odyssee* 4,178: Menelaos spricht vom abwesenden Odysseus, vgl. *Soll man viele Freunde haben* 5 mor. 95A (s. o.).

[55A] Das ganze Tun und Treiben des Schmeichlers aber ist darauf abgestimmt, stets einen Scherz, einen Streich oder eine witzige Geschichte zu servieren, wie ein gut gewürztes Essen, aus Spaß und zum Spaß für die anderen. Kurz gesagt, der eine glaubt, alles tun zu müssen, damit er gefällig wirkt; der wahre Freund aber tut immer nur das, was er tun soll. Dabei macht er sich oftmals beliebt, oft aber auch nicht, ohne dass er es etwa darauf anlegt, sich unbeliebt zu machen: Er sucht es aber auch nicht zu vermeiden, wenn es so besser ist. So geht auch der Arzt vor: Wenn es heilsam ist, trägt er Safran und Salböl auf. Er verordnet sogar öfters wohltuende Bäder und eine angenehme Diät, in anderen Fällen aber geht er davon ab und gibt Bibergeil, bittere Arznei, zum Einnehmen,

oder Polei,* von widrigem Duft, was einfach schauderhaft riecht,

oder er lässt den Patienten eine Mischung von Nieswurz** trinken. [55B] Dabei hat er weder in dem einen Fall das Unangenehme noch im andern das Angenehme zum Ziel. Er will vielmehr den Kranken durch beides zu dem einen, nämlich zur Besserung bringen. Ebenso der Freund: Bisweilen stärkt er den anderen durch Lob und freundliches Zureden, heitert ihn auf und führt ihn so zum Guten, wie dieser [Agamemnon] bei Homer:***

Teukros, teuerstes Haupt, Telamonier, Völkergebieter,
Triff so fort, [auf dass du ein Licht für die Danaer werdest!]

und:

Wie vergäße ich denn den göttergleichen Odysseus,
Der mit so entschlossenem Mut, das Herz voll
freudiger Kühnheit,
Steht fest in jeder Gefahr!

---

* Eine gelblichweiß blühende Minze, Poleigamander, vgl. Plinius, *Naturkunde* 21,84,145ff. (*polium*).

** Heilpflanze, deren Wurzel bzw. Saft u. a. gegen Epilepsie helfen sollte.

*** *Ilias* 8,281f.; 10,243ff. und Od. 1,65; *Ilias* 7,109f.

Wo aber Zurechtweisung Not tut, da kann der Freund auch einen scharfen Ton anschlagen und mit Freimut, aber gleichwohl besorgt, sprechen [wie Agamemnon]:

> Bist du von Sinnen, du göttlicher Held Menelaos?
> Nicht gehört sich für dich ja so unbesonnene Wut!

[55C] Bisweilen lässt der Freund auch den Worten Taten folgen, wie es Menedemos* mit dem Sohn seines Freundes Asklepiades machte, der sittenlos und liederlich dahinlebte. Er brachte ihn zur Vernunft, indem er ihm sein Haus verbot und ihn keiner Anrede mehr würdigte. So schloss Arkesilaos** den Baton vom Besuch seiner Vorlesungen in der Akademie aus, weil er in einer Komödie einen Spottvers über Kleanthes gedichtet hatte. Er söhnte sich aber wieder mit ihm aus, als Baton den Kleanthes besänftigt hatte und Reue bewies. Es darf nämlich ein Freund den anderen beleidigen, wenn er ihm dadurch nützt, nur darf er durch seine Beleidigungen nicht die Freundschaft zerstören; er muss sie vielmehr wie ein Arzt als scharf wirkende Arznei gebrauchen, die bei dem damit Behandelten die Gesundheit wiederherstellt und bewahrt. Der Freund ist wie ein Musiker: Im Blick auf das Gute und Nützliche verhält er sich unterschiedlich; er lässt die Saiten nach und zieht sie wieder an. [55D] Daher ist er oftmals gefällig, immer aber nützlich. Der Schmeichler aber schlägt gewöhnlich immer nur den einen Ton des Angenehmen und Gefälligen an; er weiß sich nicht durch die Tat zu widersetzen oder harte Worte zu gebrauchen, sondern folgt nur dem Willen des anderen und stimmt seine Töne und seine Leier immer auf ihn ein. So erzählt Xenophon von Agesilaos,*** er habe sich nur von denen gerne loben lassen, die auch bereit waren, ihn zu tadeln. Ebenso sollten wir das Angenehme und Erfreuliche als Anzeichen der Freundschaft ansehen, wenn es dabei bisweilen auch zu Tadel

---

* Gründer einer Philosophenschule, vgl. seinen Ausspruch in Plutarch, *Über den Fortschritt in der Tugend* 10 mor. 81E–F.

** Arkesilaos: 316–241, Begründer der Mittleren (sog. skeptischen) Akademie. Kleanthes: 331–232, stoischer Philosoph, Nachfolger des Schulgründers Zenon. – Baton: Komödiendichter, um 270, verspottete die Philosophen, da sie angeblich nicht nach ihren strengen Regeln lebten.

*** Xenophons Lobschrift auf den Spartanerkönig *Agesilaos* II. (444 – ca. 360 v. Chr.) 11, 5.

und Ablehnung kommen kann. Und wir sollten unsere Vorbehalte haben gegenüber einem Umgang, wo es immer ums Vergnügen geht und immer gute Miene gemacht wird, ohne dass dabei auch einmal ein hartes Wort fällt. Da werden wir uns an den Ausspruch jenes Spartaners halten, [55E] der, als der König Charillos gelobt wurde, ausrief: »Wie kann der denn ein tüchtiger Mann sein, der nicht einmal gegen Schurken hart vorgeht!«*

12. Es heißt, dass sich die Bremsen beim Weidevieh ans Ohr setzen, wie die Zecken beim Hund – so hängt sich der Schmeichler mit seinen Lobsprüchen dem Ehrsüchtigen ans Ohr, und wenn er sich dort festgebissen hat, ist er nur schwer wieder loszuwerden. Folglich muss man wachsam und umsichtig zu beurteilen suchen, ob das Lob der Sache oder der Person gilt. Es gilt der Sache, wenn andere uns eher in unserer Abwesenheit als in unserer Gegenwart loben; wenn diese die gleichen Wünsche und Ziele haben und nicht nur uns loben, sondern alle, die sich in dieser Richtung betätigen; [55F] also wenn sie nicht offensichtlich bald dieses, bald das Entgegengesetze tun und reden; hauptsächlich aber, wenn wir selbst einsehen, dass wir das, wofür wir gelobt werden, nicht zu bereuen oder uns dafür zu schämen haben. Und wenn wir uns nicht wünschen, wir hätten lieber das Gegenteil getan oder gesagt.

[56A] Denn das eigene Gewissen zeugt gegen ein ungerechtfertigtes Lob und lässt es nicht zu; es ist nicht den Gefühlen unterworfen, unbestechlich und eine uneinnehmbare Festung für den Schmeichler. Doch ich weiß nicht wie es kommt: Die meisten Leute wollen keinen stärkenden Zuspruch, wenn sie im Unglück sind, sondern halten es eher mit denjenigen, die mit ihnen klagen und jammern. Haben sie einen Fehler gemacht oder sich ein Vergehen zuschulden kommen lassen, so gilt derjenige, der mit seiner Zurechtweisung und seinem Tadel Gewissensbisse und Reue hervorrufen will, als ein Feind und Ankläger. Wer das aber lobt und schön redet, was sie getan haben, den lieben sie und halten ihn für einen wohlmeinenden Freund. Diejenigen aber, die jede beliebige Tat und jedes Wort, ob ernst oder

* Ins Positive gewendet bei Plutarch in der *Vita des Lykurg* 5,9: »Wie sollte [der König] Charilaos (sic) nicht gut sein, da er nicht einmal gegen Übeltäter böse ist?«

scherzhaft gemeint, gleich loben und dazu Beifall klatschen, [56B] die schaden nur im Augenblick und in dem betreffenden Fall. Die aber mit ihrem ständigen Lob bis ins Innerste des andern eindringen und sich mit ihren Schmeicheleien an seine Neigungen und Gewohnheiten anhängen, die machen es, Gott sei' s geklagt, wie die Sklaven, die nicht vom gespeicherten Getreide stehlen, sondern vom Saatkorn. Die Veranlagung ist ja gleichsam der Same unserer Handlungen und der Charakter Ursprung und Quelle unserer Lebensweise, und ebendies korrumpieren sie, indem sie das Laster mit dem Namen der Tugend benennen.

In Zeiten von Aufruhr und Krieg hat man, wie Thukydides sagt, »die übliche Bedeutung der Worte für Taten nach Willkür geändert. Unbesonnene Verwegenheit galt nun als tapferes loyales Verhalten, [56C] vorsichtiges Abwarten war nichts anderes als gut bemäntelte Ängstlichkeit, Besonnenheit galt als Maske des Feiglings, alles erst überlegen zu wollen bedeutete, sich vor jeder Tat zu drücken.«* Eben darauf müssen wir auch bei der Schmeichelei achten und auf der Hut sein: Hier heißt ein liederlicher, verschwenderischer Lebenswandel 'Großzügigkeit', Feigheit ‚Selbstschutz', Unbesonnenheit ‚schnelles Reagieren', Knauserei ‚Mäßigkeit', ein Erotomane ist ein ‚geselliger Typ mit einem Zärtlichkeitsbedürfnis', der Jähzornige und Hochmütige ist couragiert, und der Gemeine, Niederträchtige ist eben ein ‚netter Mensch'. So sagt auch Platon an einer Stelle,** der Liebende sei ein Schmeichler des Geliebten: Den mit einer Stumpfnase nennt er reizend, den mit einer Habichtsnase königlich, [56D] die Schwärzlichen männlich, die Hellhäutigen ‚Kinder der Götter'. ‚Honigfarben' sei gar nichts anderes als die Erfindung eines Liebhabers, der ein bleiches Aussehen beschönigend so nannte und es sich so gefällig machte. Ein Hässlicher, der sich einreden lässt, er sei schön, oder ein Kleiner, er sei groß, der bleibt freilich nicht lange in diesem Irrtum; er erleidet nur einen geringen und auch keinen unheilbaren Schaden. Aber das Lob, das uns an Laster gewöhnt, als seien es Tugenden, so dass man sie nicht widerwillig, sondern gerne ausübt, und das Gefühl der Scham beim Unrechttun aufhebt – die-

---

* Thukydides 2,53 und 3,82: die Umwertung aller Werte bei der Pest und im Verlauf des Peloponnesischen Krieges.

** Platon, *Politeia – Vom Staat* 474de.

se Art von Lob brachte die Sizilier ins Verderben: [56E] Dadurch hieß die Grausamkeit des Dionysios und des Phalaris* Hass gegen das Schlechte'. Ebenso war es der Ruin in Ägypten, wo die Weichlichkeit des Ptolemaios,** seine religiöse Verzückung, sein lauter Hymnengesang, das Schlagen der Zymbeln ‚Frömmigkeit' hieß und ‚Dienst an den Göttern'. Das Gleiche hätte auch beinahe damals die römischen Sitten verdorben, als man das Luxusleben des Marcus Antonius mit seiner unsinnigen Verschwendung und seinen aufwendigen Festivitäten beschönigend ‚heitere und großzügige Lustbarkeiten' nannte, wobei er sich freigebig im Glanz seiner Macht und seines Glückes zeigte.*** Was anders brachte Ptolemaios [Auletes] dazu, sich mit Mundbinde und Flöten wie ein berufsmäßiger Flötenspieler ausstaffiert zu präsentieren,**** was baute dem Nero eine Theaterbühne und kostümierte ihn mit Maske und Kothurn? Waren es nicht die Lobhudeleien der Schmeichler? Und die vielen Könige, die sich Apollo nennen lassen, wenn sie nur trillern können, Dionysos, [56F] wenn sie sich betrinken, Herakles, wenn sie einen Ringkampf machen – freuen sie sich nicht darüber und lassen sich durch die Schmeichelei zu jeder Schandtat verleiten?

13. Deshalb ist die höchste Vorsicht geboten, wenn der Schmeichler uns lobt. Er selbst weiß das auch ganz genau und sucht schlau den Verdacht zu vermeiden. [57A] Trifft er unterwegs einen extravagant Gekleideten oder einen Bauern in einem unförmigen Kittel, da lässt er seinem Spott freien Lauf, so wie in der Komödie Struthias über den Bias herfällt***** und seinen Spott über dessen Stumpfsinn in Lobsprüche kleidet: »Du kannst sogar König Alexander unter den Tisch trinken!« und: »Ich bin fast gestorben vor Lachen über deinen Witz mit dem Zyprier!« Doch bei gebildeteren Leuten sieht er, dass sie ihm gegenüber hier ganz besonders aufmerksam und in diesem Punkt auf der Hut sind. Daher fällt er mit seinem Lob nicht

---

* Dionysios vgl. Plutarch, *Soll man viele Freunde haben* 96C (s. o.). – Phalaris war berüchtigt für seine Grausamkeit: Er ließ Menschen in einem glühenden eisernen Stier verbrennen.

** Ptolemaios IV. Philopator, berüchtigt wegen seines Luxuslebens. Vgl. Plutarch, *Vita des Kleomenes* 33.

*** Antonius mit Kleopatra in Ägypten,vgl. Plutarch, *Vita des Antonius* 9;53.

**** Ptolemaios XII., genannt Auletes, der Flötenspieler.

***** Aus der verlorenen Komödie des Menander: *Die Schmeichler*.

mit der Tür ins Haus, sondern zieht weite Kreise und schleicht sich dann ganz leise heran, als wolle er ein Tier vorsichtig berühren und festhalten.* Einmal berichtet er, wie Leute den Betreffenden gelobt haben und lässt dabei, wie es die Redner tun, [57B] andere für sich sprechen. Er erzählt, wie er die Freude hatte, auf dem Marktplatz Fremde oder würdige ältere Männer zu treffen, die in bewunderndem Ton viel Gutes über ihn gesagt hätten. Ein andermal erdichtet er lächerliche und falsche Anschuldigungen gegen seinen Gönner, kommt dann, als ob er es von anderen gehört habe, eilig herbeigelaufen, um zu erfahren, wo er denn dies gesagt oder wo er jenes getan habe. Wenn der andere dies, was ja klar ist, verneint, dann hat der Schmeichler ihn nun da, wo er ihn haben will, und kann seine Strategie des Lobens anbringen: »Ich habe mich ja eh' schon gewundert, dass du angeblich schlecht geredet hast über einen deiner Freunde, wo es doch gegen deine Natur ist, sogar gegen deine Feinde ein böses Wort zu verlieren, oder dass du dich an fremdem Eigentum vergriffen haben solltest – [57C] wo du doch soviel von deinem eigenen Besitz herschenkst.«

14. Andere nun machen es wie die Maler, die das Helle und Glänzende hervorheben, indem sie Schatten und Dunkelheit dicht daneben setzen. So loben sie insgeheim die Fehler derjenigen, denen sie schmeicheln, und geben ihnen Nahrung, indem sie jeweils das Gegenteil tadeln und schmähen, es herabsetzen und verspotten. Bei Verschwendern verdammen sie Mäßigkeit als Spießertum; bei Habsüchtigen und üblen Personen, die ihren Reichtum auf schändliche und skrupellose Weise erworben haben, nennen sie Genügsamkeit und Ehrenhaftigkeit nichts als mangelnde Courage und Handlungsschwäche. Im Umgang mit Faulpelzen, Müßiggängern, und solchen, die jeder politischen Tätigkeit aus dem Wege gehen, [57D] schämen sie sich nicht, die Verwaltung öffentlicher Ämter als eine lästige Beschäftigung mit Angelegenheiten fremder Leute abzutun, oder das Streben nach Ehre und Ansehen als eitel nutzlose Ruhmsucht zu bezeichnen. Oder sie suchen durch Schmeichelei gegen einen Redner einen Philosophen herabzusetzen. Frauen mit einem locke-

* Vielleicht noch aus der o. g. Komödie. Vgl. dazu Platon, *Politeia* 493a–e: Die Volksverderber, wie Demagogen, Sophisten aller Art, die die Volksmenge umgarnen, gleichen den Schmeichlern.

ren Lebenswandel wollen sie gewinnen, indem sie andere Frauen, die einem Gatten treu sind und ihn lieben, als frigide und bäurisch verunglimpfen. Seinen Höhepunkt findet ihr übles Wesen aber darin, dass die Schmeichler nicht einmal sich selbst verschonen. Wie die Ringer sich herunterbeugen, um ihren Gegner niederzuwerfen, so lassen sie kein gutes Haar an sich, um damit ihren bewundernden Lobsprüchen gegen die anderen unvermerkt Eingang zu verschaffen. [57E]»Ich bin ein ganz elender Feigling auf See; wenn es anstrengend wird, gebe ich gleich auf; ich werde rasend vor Zorn, wenn jemand ein böses Wort gegen mich sagt.« »Aber er hier«, sagen sie dann, »er hat vor nichts Angst, ihm ist nichts zu schwer – er ist ein einmaliger Mensch; alles trägt er mit Gleichmut, alles ohne mit der Wimper zu zucken.«

Wenn nun aber jemand besonders klug sein will, ernsthaft und aufrecht, und um seine Geradlinigkeit zu zeigen, den Vers im Munde führt:*

> Tydeus' Sohn, nicht darfst du so sehr mich rühmen noch tadeln,

dann greift ihn der raffinierte Schmeichler nicht von dieser Seite an, da hat er vielmehr noch eine ganz andere Strategie, um einem solchen beizukommen. Er wendet sich an ihn, als einen an Einsicht weit Überlegenen, um sich beraten zu lassen über seine eigenen Angelegenheiten. [57F] Er erklärt, er habe zwar noch mehr Freunde, sähe sich aber genötigt, ihn zu belästigen. »Denn wohin sollen wir« sagt er, »unsere Zuflucht nehmen, wir, die wir weisen Rat brauchen – wem können wir vertrauen?« Und wenn er dann gehört hat, was ihm der andere gesagt hat, versichert er beim Weggehen, er habe ein Orakel erhalten, keinen Rat. Oder wenn er sieht, dass er einen Literaturbeflissenen vor sich hat, dann gibt er ihm etwas von seinen eigenen schriftlichen Erzeugnissen und fordert ihn auf, [58A] sie durchzulesen und zu verbessern. Von König Mithridates,** der

* Homer, *Ilias* 10,249. Tydeus' Sohn: Diomedes. Es spricht Odysseus.

** Mithridates (Mithradates) VI. Eupator, König von Pontos, kämpfte in den drei Mithridatischen Kriegen gegen Rom, 63 v. Chr. endgültig besiegt. Er war bekannt für sein reiches Reservoir an Giftstoffen, durch die er sich auch nach einer Niederlage der Gefangennahme entziehen wollte.

sich als Liebhaber der Heilkunst verstand, ließen sich einige seiner Freunde brennen und schneiden, um ihm durch die Tat, nicht nur mit Worten zu schmeicheln. Denn indem sie sich ihm in die Hände gaben, schienen sie ein Zeugnis für sein medizinisches Können abzulegen.

> Vielfache Gestalt hat die göttliche Macht,

wie es so heißt,* und eine solche Art des versteckten Lobes ist nur durch besonders schlaue Sicherungsmaßnahmen aufzudecken: Man gibt gezielt absurde Ratschläge und Anweisungen und macht ganz unvernünftige Verbesserungsvorschläge. Wenn der andere nicht widerspricht, bei allem zustimmt, alles akzeptiert und bei jeder Gelegenheit ausruft: »gut« – »ausgezeichnet«, da zeigt er sich ganz deutlich als einer,

> [58B] der nach Vereinbartem fragt,
> doch ganz anderes im Schilde führt,**

eben in der Absicht, seine Lobsprüche anzubringen und sein Opfer stolz und aufgeblasen zu machen.

15. Wie manche die Malerei eine stumme Poesie nennen,*** so gibt es auch eine Art zu loben, die eine stumme Schmeichelei ist. So bleiben Jäger eher unbemerkt von ihrem Wild, wenn sie sich nicht als solche zu erkennen geben, sondern scheinbar nur den Weg entlang gehen, Schafe zu hüten oder das Feld zu bestellen. Und der Schmeichler hat den sichersten Erfolg mit seinem Lob, wenn er gar nicht zu loben scheint, sondern etwas ganz anderes tut. Zum Beispiel räumt einer seinen Sitz oder seinen Platz an der Tafel für einen später Kommenden, oder er hält mitten in seiner Rede vor der Volksversammlung oder dem Rat inne, weil er merkt, dass einer von den Honoratioren reden möchte, [58C] und überlässt diesem

---

* Mehrfach zitiert, z. bei Euripides: *Alkestis* 1159.

** Zitat aus einer unbekannten Tragödie.

*** Der öfter zitierte Ausspruch wird von Plutarch dem Dichter Simonides zugeschrieben: *Vom Ruhm Athens …* mor. 346F, vgl. auch bei Horaz: *ut pictura poesis*, Wie die Malerei, so die Poesie in *De arte poetica – Von der Dichtkunst* 361; bei Lessing in der Vorrede zum *Laokoon*.

die Rednerbühne und das Wort – dabei zeigt er eben durch sein Schweigen besser als irgendjemand, der große Worte macht, dass er den anderen für tüchtiger und ihm an Einsicht für überlegen hält. Daher sieht man solche Leute auch bei Vorträgen und im Theater die vorderen Plätze einnehmen, nicht weil sie meinen, sie hätten einen Anspruch darauf, sondern damit sie vor den Reichen aufstehen und ihnen damit schmeicheln können. Und bei Gesellschaften und Versammlungen treten sie sogleich als Redner auf, überlassen dann aber das Wort den anderen, als ob diese die besseren Argumente hätten, und zeigen sich auch schnell vom Gegenteil überzeugt, wenn es ein mächtiger, reicher oder angesehener Mann ist, der die entgegengesetzte Meinung vertritt. Hierin können wir dem Schmeichler am besten auf die Spur kommen, wenn nämlich solches Nachgeben und Zurücktreten nicht vor der Erfahrung, Tüchtigkeit oder dem Alter einer Person erfolgt, sondern vor deren Reichtum und Einfluss. [58D] So sagte der Maler Apelles zu dem vornehmen Perser Megabyzos, der sich neben ihn gesetzt hatte und mit ihm über Umriss und Schattenwirkung diskutieren wollte: »Siehst du da die Jungen, die die Farbe reiben. Sie schauten dich die ganze Zeit an, während du still warst, bewunderten dein Purpurgewand und deinen goldenen Schmuck.

Jetzt aber lachen sie über dich, weil du anfängst, über Dinge zu reden, von denen du nichts verstehst.«* Und als Kroisos den Solon fragte, worin das Glück bestehe, nannte dieser [nicht ihn, sondern] den Tellos, einen gar nicht besonders hoch angesehenen Athener, und die beiden Brüder Kleobis und Biton – die alle seien glücklicher als er.** [58E] Die Schmeichler aber nennen Könige und reiche Personen nicht nur glücklich und selig, sondern auch die Ersten an Intelligenz, Kunstfertigkeit und jeder Form der Tugend.

---

* Der Maler – nach anderen war es Zeuxis – schmeichelte also dem persischen Herrn nicht wegen seines Kunstinteresses. – Auch in *Glücklichsein* Kap. 11 mor. 471F.

** Vgl. Herodot 1,30ff.; Plutarch, *Vita des Solon* 27f.: Kroisos hatte ihn missgestimmt entlassen, und der Fabeldichter Äsop sagte: »Mit Königen muss man entweder gar nicht reden oder so, wie es ihnen angenehm ist.« Darauf Solon: »O nein: entweder gar nicht oder so, wie es ihnen nützlich ist.«

16. Manche können es gar nicht hören, wenn die Stoiker den Weisen gleichzeitig reich, schön, edel und einen König nennen,* die Schmeichler aber erklären einen Reichen auch zum Redner und Dichter, und wenn er es so haben will, auch zum Maler und Musiker, und zum Schnellläufer und Ringkämpfer: Sie lassen sich von ihm niederwerfen beim Ringen und überholen beim Laufen, so wie Krison aus Himera im Wettlauf mit Alexander dem Großen zurückblieb, was dieser jedoch merkte und übel aufnahm. Daher sagte der Philosoph Karneades**, [58F] die Söhne von Reichen und Königen lernten nichts als das Reiten: Sonst lernen sie nichts gut und ordentlich, denn der Lehrer verwöhnt sie mit Lob in den Schulstunden***, und ihre Partner beim Sport lassen sie gewinnen. Das Pferd aber weiß nicht und überlegt nicht, ob sein Reiter ein gewöhnlicher Mensch ist oder ob er zu den Honoratioren gehört, ob er reich oder arm ist, es wirft jeden ab, der es nicht reiten kann. [59A] Es war daher albern und einfältig von Bion von Borysthenes****, zu sagen, wenn er sein Feld durch Loben fruchtbar und ertragreich machen könnte, würde er doch keinen Fehler machen, wenn er sich eher damit beschäftigte als mit Umgraben und sonstigen Feldarbeiten. So handle auch ein Mensch, wenn er einen lobe, nicht unvernünftig, wenn dieses für den denjenigen, der gepriesen wird, nützlich und förderlich ist. Aber das Feld wird nicht schlechter durch Lob; den Menschen aber machen diejenigen stolz und aufgeblasen und verderben ihn, die ihm heuchlerisches und unverdientes Lob spenden.

---

* Die sog. Paradoxa der Stoiker: Da der Weise im Besitz der Tugend und diese unteilbar ist, besitzt er mit ihr gleichzeitig auch alle Güter. Vgl. Cicero, *Paradoxa* 5 und 6. Auch bei Plutarch, *Glücklichsein* 12 mor. 472A–B.

** Karneades von Kyrene: um 219–129, Begründer der sog. Neuen (oder skeptischen) Akademie. Vgl. DL 4,62–66.

*** In seiner Schrift über die *Kindererziehung* mor. 13A–C fordert Plutarch die Eltern mit allem Nachdruck auf, Schmeichler (vor allem als Lehrer) von den Kindern fernzuhalten. Es gebe keine schlimmere Sorte von Menschen, keine, die junge Leute sicherer und rascher ins Verderben stürzte als die Schmeichler.

**** Einflussreicher Philosoph, um 335–250, Borysthenes: Dnjepr, im nördlichen Schwarzmeergebiet, mit der Stadt Olbia. Bion war Sokratiker, aber auch von der Schule der Kyniker beeinflusst, daher seine Vorliebe für prägnante Aussprüche. Durch seine Vortragsreisen war er weithin bekannt. Vgl. DL 4,46–58.

17. Das mag zu diesem Thema genügen. Wir wollen uns aber als nächsten Punkt die Freimütigkeit vornehmen. So legte Patroklos zwar die Waffen Achills an [59B] und trieb seine Rosse in die Schlacht; jenen Speer aus dem Holz vom Berge Pelion aber wagte er nicht zu ergreifen, sondern ließ ihn als einziges zurück. Ebenso muss der Schmeichler, der sich mit der Rüstung des Freundes ausstaffiert und dessen Schmuck und Abzeichen anlegt, als einziges die Freimütigkeit zurücklassen, ohne sie zu berühren und nachzuahmen:

»Groß und wuchtig und fest«* ist sie: das besondere Element der Freundschaft. Die Schmeichler wissen es jedoch zu vermeiden, dass man ihnen beim Lachen und Trinken, bei Scherz und Spiel auf die Schliche kommt, sie betrachten vielmehr alles ganz ernsthaft und machen eine finstere Miene dazu, und ihren Schmeicheleien mischen sie eine Prise Tadel oder Zurechtweisung bei. Deshalb wollen wir diesen Punkt nicht unerörtert lassen.

[59C] Ich meine folgendes: Wie in einer Komödie des Menander ein falscher Herkules mit einer Keule auftritt, die nicht stark und schwer, sondern innen hohl und leer ist, so erscheint die Freimütigkeit des Schmeichlers, wenn man sie auf die Probe stellt, weich und nachgiebig, ohne innere Festigkeit, wie die Kopfkissen der Frauen, die zwar so aussehen, als würden sie dem Kopf Halt und Widerstand geben, die aber in Wirklichkeit eher nachgeben und sich eindrücken lassen. Gleichermaßen ist diese gefälschte Freimütigkeit von einem leeren, falschen, innerlich faulenden Schwulst aufgeblasen und aufgeschwollen: So kann sie, wenn sie in sich zusammenfällt, denjenigen in sich hineinziehen, der auf sie hereingefallen ist. [59D] Die wahre Freimütigkeit eines Freundes greift ja die Verfehlungen an und verursacht einen heilsamen und wohltätigen Schmerz; wie der Honig beißt sie die Geschwüre und reinigt sie;** im übrigen aber ist sie heilsam und süß; darüber werden wir noch besonders reden.***

---

* Wie der Speer des Achilleus bei Homer, *Ilias* 16,141.

** Die entzündungshemmende Wirkung des Honigs war bekannt; er wurde vielfach medizinisch verwendet, vgl. Plinius, *Naturkunde* 22,107ff.

*** Vgl. hier Kap. 25ff.

Zunächst einmal zeigt sich der Schmeichler in seinem eigenen Umfeld als ein harter Mann, immer sogleich heftig entrüstet und unerbittlich. Mit seinen Sklaven ist er streng, auf die Fehler seiner Angehörigen und Hausgenossen stürzt er sich unnachsichtig, niemand anders kann seine Bewunderung oder Anerkennung gewinnen, er blickt vielmehr mit Verachtung auf alle. Er verzeiht keinen Fehler und reizt andere zum Zorn mit seinen verleumderischen Vorwürfen. Damit will er unbedingt den Ruf eines Mannes gewinnen, der grundsätzlich alles Schlechte hasst, [59E] so dass er niemals aus eigenem Antrieb von seiner Freimütigkeit abgehen und niemals anderen etwas zu Gefallen reden oder tun würde. Im zweiten Schritt stellt er sich, als ob er von wirklichen und schweren Vergehen gar nichts wisse oder merke, stürzt sich dagegen auf ganz triviale äußerliche Verstöße; hitzig und mit lautem Nachdruck lässt er seinen Tadel los, wenn er sieht, dass ein Werkzeug nicht ordentlich aufgeräumt ist, wenn jemand sein Hauswesen schlampig verwaltet, nachlässig ist mit seiner Frisur oder seiner Kleidung oder sich nicht gebührend um einen Hund oder ein Pferd kümmert. Aber Geringschätzung der Eltern, Vernachlässigung der Kinder, Missachtung der Gattin, verächtliche Behandlung der Dienerschaft, Verschwendung des Vermögens – das ist kein Thema für ihn, [59F] dabei bleibt er stumm und rührt sich nicht. Er benimmt sich wie ein Sportlehrer, der einen Athleten trinken und hemmungslos leben lässt, ihn aber streng hält, was den Gebrauch des Ölfläschchens und der Bürste angeht. Oder vergleichen wir ihn mit einem Schullehrer, der ein Kind tadelt wegen seiner Schreibtafel oder seines Griffels, aber über seine Fehler in Sprache und Ausdruck hinweghört. So ist ja der Schmeichler einer, der bei einem schlechten und lächerlichen Redner kein Wort über die Rede selbst verliert, sondern Fehler findet bei seiner Stimme oder ihm ernstliche Vorwürfe macht, er ruiniere seinen Hals, indem er kaltes Wasser trinke. [60A] Oder wenn er aufgefordert wird, ein erbärmliches Schriftstück durchzugehen, dann kritisiert er das grobe Papier und nennt den Abschreiber einen elenden und nachlässigen Menschen. So machten es die Schmeichler mit König Ptolemaios,* der als Freund der Literatur gelten wollte: Sie stritten mit ihm über

* Ptolemaios VIII., regierte 145–116 v. Chr., schrieb 24 Bücher Denkwürdigkeiten, wurde statt Euergetes, Wohltäter, Übeltäter genannt. Hier offenbar mit Ptolemaios IV. in Verbindung gebracht, vgl. Kap. 12, 56E mit Anm. *.

einen Ausdruck, ein Verslein oder einen Punkt in der Geschichte, bis tief in die Nacht, aber wenn er seine Grausamkeit und sein hochmütiges Verhalten auslebte, die Zymbeln schlug und Mysterienfeiern abhielt – da stand keiner von all denen dagegen aufx. Man stelle sich zum Beispiel einen vor, der einem Menschen, der an Geschwüren und Fisteln leidet, mit einem Chirurgenmesser die Haare und die Fingernägel schneiden würde! [60B] So bringen die Schmeichler ihre freimütige Rede an Stellen an, wo sie nicht verletzt oder schmerzt.

18. Da gibt es aber andere, die sind noch schlauer als diese und benutzen Freimütigkeit und Tadel, um anderen damit Vergnügen zu machen. Als Alexander einen solchen Spaßmacher sehr reich beschenkt hatte, rief der Argiver Agis aus Neid und Ärger laut aus: »Himmel, was für eine riesengroße Dummheit!« Der König wandte sich zornig zu ihm um mit den Worten: »Was sagst du da?« Agis entgegnete: »Ich gestehe offen, dass ich unwillig und ärgerlich bin, wenn ich sehe, wie ihr Zeussöhne allesamt gleichermaßen an Schmeichlern und Kriechern Gefallen findet [60C]. So hatte Herakles Spass an den Kerkopen*, Dionysos an den Silenen, und so sieht man auch bei dir solche Leute hoch geachtet.«

Als Kaiser Tiberius einmal in den Senat gekommen war, stand einer von den Schmeichlern auf und sagte, freie Männer müssten auch eine freie Sprache führen, sich nicht verstecken und nicht verschweigen, was sie für nützlich hielten. Nachdem er so die Aufmerksamkeit aller erregt hatte und auch Tiberius sich ihm zuwandte, sagte er in das allgemeine Schweigen hinein: »Höre, Caesar, was wir alle an dir tadeln, was aber keiner offen zu sagen wagt: Du vernachlässigst dich selbst, nimmst keine Rücksicht auf deinen Körper und reibst dich auf in ständigen Sorgen und Mühen um uns, und gönnst dir keine Ruhe, weder tags noch nachts.« [60D] Er führte noch vieles der Art an, und daraufhin soll der Redner Cassius Severus bemerkt haben: »Mit dieser Art von Freimut wird sich der Mann noch um Kopf und Kragen reden!«**

* Kerkopen: koboldartige Wesen, die von Herakles wegen ihrer boshaften Späße gefangen genommen, dann aber wieder freigelassen worden waren. – Silene: ausgelassene trinkfreudige Gesellen mit Pferdeschweif und -ohren, im Gefolge des Dionysos.

** Vgl. Tacitus, *Annalen* 4,20.

19. Doch ist das alles noch nicht so einschneidend. Wir kommen aber jetzt zu Fällen, wo es gefährlich wird und Schaden bringt für solche, die nicht genügend nachdenken. Ich meine, wenn der Schmeichler seine Anschuldigungen gegen Leidenschaften und Laster richtet, die genau das Gegenteil von dem sind, woran die Betreffenden tatsächlich leiden. Der Schmeichler Himerios beschimpfte zum Beispiel einen der reichen Männer von Athen, einen höchst schmutzigen Geizhals, als Liederjan und Verschwender, der noch einmal mit seinen Kindern am Hungertuche nagen müsse. Oder die Schmeichler werfen andererseits denen, die Extravaganz und Aufwand lieben, Kleinigkeitskrämerei und schmutzigen Geiz vor, wie Petron* dem Nero. Oder sie fordern Fürsten, die roh und grausam mit ihren Untertanen umgehen, auf, ihre große Milde und das unzeitige, unnütze Mitleid abzulegen. [60E] Ähnlich ist der Fall bei einem, der bei einem einfältigen, albernen und dummen Menschen so tut, als wäre er vor ihm, wie vor einem schlauen Ränkeschmied, auf der Hut und fürchte sich vor ihm. Dann trifft da einer dieser Schmeichler auf einen, der seine Freude daran hat, ständig andere zu verleumden und ihnen Fehler nachzuweisen. Nun aber hat dieser einmal die Gelegenheit, einen angesehenen Mann zu loben, und prompt macht ihm der Schmeichler Vorwürfe, widerspricht ihm: Eben das sei seine Schwäche, Personen zu loben, die es überhaupt nicht verdienen: »Wer ist denn der da, oder was hat er schon Glänzendes gesagt oder getan?«

Besonders aktiv sind die Schmeichler, wo es um Gefühle geht. Da schüren sie noch die Flammen. [60F] Sehen sie, dass ihre Gönner mit ihren Brüdern Streit haben, ihre Eltern hochmütig oder ihre Gattin geringschätzig behandeln, dann ermahnen sie sie nicht und weisen sie zurecht, sondern steigern diese negativen Gefühle noch, indem sie sagen: »Du denkst gar nicht an dich selbst!« und: »Du bist selbst schuld daran; du bist eben immer so gefällig und viel zu bescheiden ihnen gegenüber gewesen!« [61A] Wenn es aber durch Ärger oder

* Vgl. Tac. *Ann.* 16,18f. Titus (Gaius) Petronius, Verfasser des Satyricon, eines parodistischen Reise- und Abenteuerromans (mit der Cena Trimalchionis, dem Gastmahl des Trimalchio), galt am Hofe Neros als *elegantiae arbiter,* Maitre de plaisier (Tac. *Ann.* 16,18f.), war Epikureer und beging Selbstmord, als er der Teilnahme an der Pisonischen Verschwörung gegen Nero beschuldigt wurde.

Eifersucht zu einer Reiberei kommt mit der Dirne oder der Liebsten, die mit einem anderen Mann verheiratet ist, da tritt die Schmeichelei mit dem Glanz der Freimütigkeit umgeben auf, indem sie Öl ins Feuer gießt, mit triftigen Gründen den Liebhaber anklagt, er habe sich oftmals lieblos, hartherzig und tadelnswert verhalten:

Du Undankbarer – nach all den zahllosen Küssen!*

So suchten die Freunde der Ägypterin den Antonius, der von glühender Liebe zu ihr erfüllt war, zu überzeugen, dass er auch von ihr ebenso geliebt werde. Sie schalten ihn und warfen ihm Gefühlskälte und Missachtung vor: »Diese Frau hat ein solch großes Königreich und ein glanzvolles Leben aufgegebenx; sie richtet sich zugrunde, indem sie mit dir zu Felde zieht, in der Rolle einer Mätresse,

[61B] Aber du hast in der Brust ein Herz, nicht zu bezwingen,**

und du überlässt sie ihrem Kummer.«

Antonius aber ließ sich gerne als einen Schuldigen hinstellen und hatte mehr Freude daran, angeklagt als gelobt zu werden, ohne zu merken, dass er durch diese scheinbare Zurechtweisung nur noch mehr ins Netz des Verderbens geriet. Eine solche Freimütigkeit gleicht den Liebesbissen lasziver Frauen, denn es weckt und kitzelt die Sinne durch das, was scheinbar wehtut. Es hilft beispielsweise der Wein, unverdünnt genossen, gegen den Schierling***, mit ihm vermischt aber vermag er gegen die Kraft des Giftes nichts auszurichten, weil es durch die Wärme umso schneller zum Herzen gelangt [61C] So sind sich auch gewissenlose Schmeichler darüber im Klaren, dass Freimut ein kräftiges Hilfsmittel bei der Schmeichelei ist, und deshalb schmeicheln sie mit Hilfe eben der Freimütigkeit. Daher

---

* Zitiert in: Plutarch, *Gespräch über die Liebe (De amore)* 751C: Anrede des trauernden Achilleus an seinen Freund Patroklos, der ihn im Tode verlassen habe (aus Aischylos' verlorener Tragödie Die Myrmidonen).

** So Kirke zu Odysseus bei Homer, *Odyssee* 10,329. Zu Antonius und Kleopatra vgl. Plutarch, *Vita des Antonius* 24,11f.

*** Bekannt durch den Schierlingsbecher des Sokrates, wurde aber auch als Heilmittel gebraucht, vgl. Plinius, *Naturkunde* 25,151–154.

war die Antwort des Bias* nicht ganz richtig, als er auf die Frage, welches Tier das Gefährlichste sei, entgegnete: »Unter den wilden Tieren der Tyrann, unter den zahmen der Schmeichler.« Richtiger wäre es gewesen, sich so auszudrücken: »Unter den Schmeichlern gibt es zahme, das sind die, die sich beim Bad und bei der Tafel einfinden. Der aber, der bis in die Innenräume des Hauses und bis in die Frauengemächer hinein seinen Vorwitz, seine Verleumdungssucht und seine Bosheit wie der Polyp seine Arme ausstreckt, der ist tierisch wild und schwer zu bändigen.

20. [61D] Es gibt, wie es scheint, nur eine einzige Vorsichtsmaßnahme: Man muss nämlich wissen und stets eingedenk sein, dass unsere Seele einerseits Streben nach Wahrhaftigkeit, Liebe zum Guten sowie Vernunft besitzt, dass sie andererseits aber auch erfüllt ist von Regungen der Unvernunft, der Unwahrheit und von Leidenschaften. Der Freund ist stets als Ratgeber und Beistand auf der besseren Seite zu finden, so wie ein Arzt die Gesundheit fördert und bewahrt. Der Schmeichler dagegen tritt auf die Seite der Leidenschaft und Unvernunft, und da reizt und kitzelt er und lockt und sucht die Seele von der Vernunftseite abzubringen, indem er sich minderwertige Arten des Vergnügens für sie ausdenkt. Es gibt ja Nahrungsmittel, die weder vom Blut noch durchs Atmen aufgenommen werden noch den Nerven und Muskeln Kraft geben, sondern nur auf die Genitalien wirken, [61E] den Appetit anregen und das Fleisch schwach und innerlich faul machen. Ebenso trägt das Wort eines Schmeichlers nichts bei zur Besonnenheit und Vernunft; vielmehr nährt es erotische Passionen, verstärkt unsinnige Gelüste, reizt den Neid, führt zu aufdringlicher, eitler Aufgeblasenheit, vermehrt den Kummer noch durch seine Klagen und schürt in einem Gemüt, wo es schon Bosheit, Gemeinheit und Argwohn gibt, durch stete Verleumdungen und Vorurteile noch Bitterkeit und ängstliches Misstrauen. Dies alles wird dem nicht entgehen, der darauf achtet. Denn der Schmeichler hält sich immer an eine Passion und nährt sie und hängt sich wie ein Geschwür jeweils an innerlich faule und entzündete Stellen der Seele. [61F]»Du hast einen Zorn?«, sagt er. »Lass es ihn fühlen«! – »Du willst das haben? Kauf es dir!« – »Du

* Bias von Priene, einer der Sieben Weisen, s. DL1,82–87; Plutarch, *Das Gastmahl der Sieben Weisen* mor.147B.

bist in Furcht?« »Auf, wir machen uns fort!« – »Du hast da einen Verdacht?« »Vertrau deinem Gefühl!«

Bei dieser Art von Gefühlen, die so heftig und stark sind, dass sie die Vernunft außer Kraft setzen, wird man den Schmeichler nur schwer entlarven können. Bei geringeren Dingen wird er sich leichter eine Blöße geben; er geht hier nach dem gleichen Muster vor. [62A] Hat jemand etwa das Gefühl, zuviel getrunken oder gegessen zu haben und ist unsicher, ob er ins Bad gehen oder etwas zu sich nehmen soll, dann wird der Freund ihn zurückhalten und raten, vorsichtig zu sein und die Sache erst einmal zu beobachten. Der Schmeichler aber schleppt ihn ins Bad, heißt ihn, eine neue Mahlzeit auftragen zu lassen und seinen Körper nicht durch Fasten zu malträtieren. Und sieht er, dass einer zu zaghaft ist, um sich zu einer Reise zu Land oder zur See oder zu sonst einer Unternehmung aufzuraffen, dann wird er sagen, das Ganze habe keine Eile: Es aufzuschieben oder jemand anderen hinzuschicken, das käme aufs Gleiche hinaus. Und wenn jemand einem seiner Angehörigen Geld zu leihen oder zu schenken versprochen hat und bereut diesen Entschluss, scheut sich aber, sein Versprechen zu brechen, dann lässt der Schmeichler die Waagschale zum Schlechten hin ausschlagen, bestärkt den anderen darin, den Geldbeutel zuzuhalten [62B] und vertreibt das Schamgefühl, indem er den Freund zur Sparsamkeit auffordert, denn er habe viele Ausgaben und müsse viele Leute unterstützen.

Wenn wir uns unsere eigenen Schwächen wie Begierden, Schamlosigkeit und Feigheit nicht verhehlen, dann wird uns auch der Schmeichler nicht entgehen. Er redet nämlich solchen Gefühlen stets das Wort, und in ihrer Übertreibung zeigt er seine Art von Freimütigkeit. Doch soviel nun zu diesem Thema.

21. Wir wollen jetzt zu den Dienstleistungen und Gefälligkeiten übergehen, denn gerade in diesem Bereich verursacht der Schmeichler allerhand Verwirrung und Unklarheit, was die Unterscheidung vom Freund angeht. Scheint er doch unverdrossen, ist zu allem bereit und macht nie einen Rückzieher. [62C] Das Verhalten eines Freundes ist immer geradeheraus, wie Euripides sagt:*

---

* Euripides, *Phoenissen* 469; 472.

Die Sprache der Wahrheit ist stets einfach,
schlicht und ungekünstelt,

doch die des Schmeichlers,

krank schon an sich, bedarf der Arznei der List,

und von solchen Arzneien hat sie weiß Gott eine ganze Menge nötig und vielerlei Sorten. Wir stellen uns vor, wie wir jemand anderen treffen: Der Freund geht mitunter an uns vorüber, ohne dass wir ein Wort wechseln; er sieht uns nur mit einem Lächeln an und gibt durch seine Blicke seine Sympathie und seine innere Vertrautheit zu erkennen, die er auch wieder empfängt, und geht weiter. Der Schmeichler aber kommt angerannt, läuft uns nach, streckt schon von weitem die Hand zum Gruß aus, und wenn er uns nicht als erster gesehen und begrüßt hat, dann entschuldigt er sich tausendmal und ruft Menschen und Götter zu Zeugen an, dass es unabsichtlich war. [62D] So ist es auch bei den Dingen des täglichen Lebens: Da geben die Freunde sich nicht mit jeder Kleinigkeit ab; sie gehen nicht jeder Sache genau nach und kümmern sich nicht um alles und mischen sich nicht in jedes Geschäft ein. Der Schmeichler aber muss bei allem dabei sein, stets und ständig, unermüdlich, und er lässt keinem anderen eine Gelegenheit, einen Dienst zu erweisen; er wartet darauf, dass man ihm etwas aufträgt, und wenn er nichts erhält, dann ist er ganz bitter vor Ärger und Gram, ja er ist völlig niedergeschlagen und lamentiert.

22. Für vernünftig Denkende sind das nun keine Kennzeichen wahrer und besonnener Freundschaft, sondern einer, die durch übermäßige Bereitwilligkeit sich dem andern andienen und ihn einwickeln will.

Doch zuerst müssen wir noch auf die unterschiedliche Art der Versprechungen achten. [62E] Das ist schon früher gut ausgedrückt worden, wenn es beim Dichter heißt, das sei das Versprechen, wie es ein Freund gibt:

Wenn ich's erfüllen dir kann und du nur Erfüllbares wünschest,*

ein Schmeichler aber sagt:

Rede, was du begehrst, ich will es gerne gewähren.

Die Dichter der Komödie bringen solche Typen auf die Bühne:

Stell mich, Nikomachos, nur gegen diesen Soldaten auf
und sieh nur, ob ich ihm nicht mit meiner Peitsche so eins
draufgebe, dass seine Visage weicher ist als ein Schwamm!

Ferner wird uns kein Freund Hilfe leisten, wenn er nicht zuvor um Rat gefragt wurde, und auch dann hilft er nur, wenn er die Angelegenheit geprüft und gebilligt hat, in Hinsicht darauf, ob sie ehrenhaft oder von Nutzen ist. Der Schmeichler aber – selbst wenn man ihm Gelegenheit gibt, teilzunehmen an der Prüfung der Sache und ihm dazu das Wort erteilt – [62F] er wird zu allem Ja sagen und den anderen noch bestärken wollen in seinen drängenden Wünschen, teils weil er sich nachgiebig und gefällig zeigen will, teils auch, weil er den Verdacht fürchtet, er zögere und wolle sich der Sache entziehen. Man wird kaum einen reichen Mann oder einen König finden, der sagen würde: [63A]

Ich wünschte mir, ich fände einen Bettler,
oder wenn's sein muss, noch weniger als einen Bettler,
wenn er nur aus Wohlwollen mir gegenüber
die Furcht beiseite lässt und spricht, was ihm sein Herz eingibt!

Doch solche Personen brauchen, wie die Tragödiendichter, einen Chor, und zwar von einstimmig redenden Freunden, oder ein Publikum, das zustimmend Beifall klatscht. Da wird zwar von der Tragödienfigur Merope** der gute Rat gegeben:

---

* Homer, *Ilias* 14,195f.; 18,426f; *Odyssee* 5,89f. – Komödie: wie aus dem *Kolax* (Schmeichler) des Menander. – Das Folgende aus verlorenen Tragödien des Euripides.

** Aus der verlorenen Tragödie *Kresphontes* des Euripides.

Zu Freunden wähle dir, die im Reden nicht andern nachgeben,
und vor den üblen Naturen, die dir zu Gefallen dich
mit dem Vergnügen verkuppeln wollen,
vor denen verschließe deine Tür!«

Aber sie tun gerade das Gegenteil: Sie verdammen solche, die »im Reden nicht nachgeben«, sondern ihnen widersprechen, zu ihrem eigenen Nutzen, und die »üblen Naturen, Kuppler zum Vergnügen«, die servilen Gaukler, die lassen sie ein, nicht nur »in ihre verschlossenen Häuser«, [63B] sondern entdecken ihnen selbst ihre geheimen Neigungen und Unternehmungen. Ein nicht so schlauer Schmeichler denkt gar nicht daran, sich bei der Beratung wichtiger Angelegenheiten als Ratgeber einzuschalten, er will nur Boten- und Handlangerdienste dabei tun. Der Raffinierte aber legt Wert darauf, bei den Beratungen dabei zu sein; er macht ein ernstes Gesicht, runzelt die Stirn und nickt mit dem Kopf, sagt jedoch kein Wort. Wenn der andere aber seine Ansicht kundgibt, dann sagt er: »Bei Gott, du bist mir zuvorgekommen – eben das wollte ich gerade sagen, du hast mir das Wort aus dem Mund genommen!« Die Mathematiker lehren, dass Flächen und Linien sich, als gedacht und körperlos, nicht von sich aus biegen oder ausdehnen oder bewegen [63C], sondern sich mit den Körpern, deren Begrenzung sie bilden, zusammen biegen, ausdehnen und von der Stelle bewegen lassen. So wird man auch den Schmeichler dabei ertappen, wie er seine Ansichten und Äußerungen, ja wahrhaftig auch seine Freude und seinen Zorn stets und ständig nach dem anderen ausrichtet. Daher wird man hierin den Unterschied zwischen ihm und dem Freund leicht entdecken können.

Noch leichter geht das bei der Art und Weise, wie er seine Dienste leistet. Die Gefälligkeit, die von einem Freund kommt, bezieht ihre Hauptkraft, wie bei etwas Lebendigem, aus dem Innern; da gibt es keine Schauseite, nichts, was nur nach außen wirken soll. Wie ein Arzt oft einen Patienten kuriert, ohne dass dieser es merkt, kann auch ein Freund bei einer zufälligen Begegnung, beim Kommen oder Gehen, nützlich sein und dem anderen etwas Gutes tun, ohne dass dieser es merkt. [63D] Ein solcher Freund war Arkesilaos,* und das zeigte

* Der berühmte Philosoph, Leiter der platonischen Akademie, vgl. hier 11

sich besonders, als er den Maler Apelles von Chios bei seiner Krankheit besuchte. Er hatte gemerkt, wie arm dieser war, und kam beim nächsten Besuch mit 20 Drachmen, setzte sich am Bett nieder und sagte: »Hier ist nichts außer den Elementen, aus denen nach Empedokles* die Welt besteht:

Feuer, Wasser, Luft und Erde und des Äthers sanfte Erhöhung –

aber du liegst gar nicht sanft«. Und damit legte er ihm sein Kopfkissen zurecht und schob unbemerkt das Geld darunter. [63E] Als seine alte Dienerin es dann entdeckte und ihren Fund voller Verwunderung dem Apelles verkündete, sagte dieser lachend: »Das ist ein Streich des Arkesilaos!«

Es heißt ja, dass die Kinder nach den Eltern kommen, das gilt auch in der Philosophie. [63E] Lakydes jedenfalls, der Schüler des Arkesilaos, kam zur Gerichtsverhandlung, als Kephisokrates angeklagt war, und stand dort mit dessen anderen Freunden. Als nun der Ankläger von Kephisokrates seinen Ring verlangte und dieser ihn heimlich zu Boden fallen ließ, da merkte Lakydes dies, stellte seinen Fuß darauf und verbarg ihn. Der Ring war bei der Anklage nämlich das Hauptbeweismittel. Als sich nach dem Freispruch nun Kephisokrates von den Richtern verabschiedete und ihnen dankte, da sagte einer von ihnen, der gesehen hatte, was vorgefallen war, er müsse sich bei Lakydes bedanken, und enthüllte das Ganze. Lakydes selbst aber hatte zu niemand ein Wort gesagt.

So glaube ich, dass auch die Götter uns, ohne dass wir es merken, viele Wohltaten erweisen, da sie ihrem Wesen nach Freude daran haben, uns Wohlwollen zu bezeigen und Gutes zu tun.

[63F] An der Handlungsweise des Schmeichlers aber ist nichts gerecht, wahrhaftig oder geradlinig und großzügig; er schwitzt sich ab, macht ein lautes Getöse, rennt hierhin und dorthin und schaut ganz angestrengt drein, damit ein jeder sehen soll, wie er sich plagt und

---

55C. Lakydes war sein Nachfolger, um 240 (vgl. DL4,59–61). – Apelles: nicht der bekannte Alexanderporträtist. Bei DL4,37 heißt der Maler Ktesibios.

* Empedokles, *Frg.* 17.15 Diels.

wie ernst er die Sache nimmt. [64A] Das ist wie bei einem übertrieben ausgeführten Gemälde, das mit Hilfe von grellen Farben, überreichem Faltenwurf der Gewänder und Ecken und Kanten allerorten den Eindruck der Lebendigkeit erwecken will.

Lästig wird uns der Schmeichler auch, wenn er uns lang und breit erzählt, was er unserer Angelegenheit zuliebe für Laufereien auf sich genommen, was für Sorgen er ausgestanden, wie er sich deshalb Feindschaften mit anderen aufgeladen hat, und wenn er seine zahllosen Anstrengungen und seine großen Leiden aufzählt – was doch alles, so muss man sagen, die Sache gar nicht wert war. Jede Gefälligkeit, die mit einem Vorwurf daherkommt, ist lästig, wirkt eben nicht als Gefälligkeit und ist schwer erträglich. Bei den Diensten, die der Schmeichler tut, schwingt eben dieser kränkende Vorwurf für den anderen mit, und zwar gleich von Anfang an, nicht erst im Nachhinein.

Wenn ein echter Freund sich äußern soll über das, was er getan hat, dann gibt er davon einen maßvollen Bericht und sagt nichts über sich selbst. [64B] In diesem Geist haben die Spartaner den Einwohnern von Smyrna Getreide geschickt, als sie in Not waren, und als diese ihre Bewunderung ausdrückten über die großzügige Aktion, sagten die Spartaner: »Es war gar keine große Sache; wir haben nur beschlossen, dass wir und unser Vieh einen Tag aufs Mittagessen verzichten, und den Ertrag haben wir gesammelt.«

Auf solche Art zu schenken, zeugt nicht nur von einer großzügigen Gesinnung, es ist auch angenehmer für den Beschenkten, wenn er das Gefühl hat, dass der Spender dabei nicht selbst einen großen Nachteil erlitten hat.

23. Nicht nur in dieser beleidigenden Art seiner Dienste, oder in der Leichtherzigkeit, mit der er dazu bereit ist, kann man die wahre Natur des Schmeichlers erkennen. Viel eher geht dies noch, indem wir prüfen, ob der Dienst, den er uns geleistet hat, ehrenhaft oder unehrenhaft ist, ob zu unserem bloßen Vergnügen oder zu unserem Nutzen. Denn ein Freund wird nicht – wie Gorgias behauptet* –

---

* Gorgias, der bekannte Sophist: »Der Freund wird für sich die Hilfeleistung

[64C] den Beistand des anderen bei ehrenhaften Unternehmen verlangen, selbst aber diesem ein Helfershelfer sein bei allen möglichen unehrenhaften Dingen: Denn mitzustreben zu dem Guten, nicht mitzumachen bei dem Schlechten ist er da.*

Viel eher wird ein Freund den anderen von dem abzuhalten suchen, was nicht recht ist, und wenn er keinen Erfolg dabei hat, so kann er, wie Phokion zu Antipater, gut sagen: »Du kannst mich nicht gleichermaßen als Freund haben und als Schmeichler,«** das heißt zum Freund und Nichtfreund. Helfen muss man dem Freund bei Taten, aber nicht bei Untaten, mit ihm beratschlagen, aber nicht im Hinterhalt liegen, für ihn Zeugnis ablegen, aber keine Betrügereien decken, und man soll auch seine Missgeschicke teilen, ja, aber nicht seine Missetaten.*** Von schimpflichen Taten der Freunde wollen wir nicht einmal etwas wissen, wie sollten wir da erst dabei mitmachen und die Schande teilen? [64D] Als die Spartaner von Antipater in der Schlacht besiegt worden waren und Friedensverhandlungen führten, da baten sie ihn, er solle ihnen jede harte Strafe auferlegen, die er wolle, nur nichts Unehrenhaftes.

So ist es auch mit einem Freund: Wenn ein Notfall seine Dienste erfordert, mit Aufwendungen, Gefahr und Mühe, dann ist er der erste, der sich rufen lässt und ohne Zögern und bereitwillig teilnehmen will. Ist die Sache aber mit Unehre verbunden, da bittet er, man möge nicht auf ihn zählen und ihn von der Teilnahme verschonen. Ganz anders die Schmeichelei: Bei mühe- und gefahrvollen Hilfeleistungen zieht sie sich zurück, und wenn du probehalber anklopfst, dann hört es sich an wie bei einem zersprungenen Topf,**** [64E] mit dem kläglichen Misston der Entschuldigung. Geht es aber um schimpfliche, niedrige und verrufene Dienste, dann kannst du auf

---

des Freundes nur in rechtmäßigen Dingen verlangen, jenem aber wird er selbst häufig Dienste tun auch in den nicht rechtmäßigen« (Frg. 21 Diels).

* Vgl. Sophokles Antigone 523: »Nicht mitzuhassen, mitzulieben bin ich da.« Vgl. auch Euripides, *Iphigenie in Aulis* 407.

** Vgl. Plutarch *Vita des Phokion* 30,3; *Vita des Agis* 2,4.

*** Über die Grenzen der Freundschaft vgl. auch nachdrücklich Cicero: »Als Helferin der Tugend ist uns die Freundschaft von der Natur gegeben, nicht als Genossin der Laster.« (Cic. *Lael.* 83ff.)

**** Anklang an Platon, *Theaitetos* 179d.

den Schmeichler zählen, und wenn du ihn mit Füßen trittst; er hält das nicht für schlimm oder herabwürdigend.

Sieh dir nur den Affen an. Er kann nicht das Haus bewachen wie der Hund, keine Last ziehen wie das Pferd, noch das Feld pflügen wie der Ochse. So muss er sich Misshandlung, Spott und Späße aller Art gefallen lassen und präsentiert sich selbst als Lachfigur. So ähnlich ist es mit dem Schmeichler. Er kann keinem anderen eine große Hilfe sein als Redner, als Geldgeber oder Kämpfer, er macht einen Rückzieher bei jeder Sache, bei der es einiger Anstrengung und Ernsthaftigkeit bedarf. Wenn es aber um heimliche Winkelzüge geht, da ist er, ganz ohne Ausrede, gleich dabei: ein treuer Helfer bei Liebesaffären, kennt er sich doch aus bei den Preisen für Dirnen, [64F] berechnet dir auch genau die Kosten für ein Gastmahl, ist auch nicht nachlässig beim Organisieren von Einladungen, steht auf gutem Fuß mit den Freundinnen des Hausherrn. Man kann ihm aber auch befehlen, grob zu sein gegen die Verwandten der Ehefrau oder zu helfen, die Frau aus dem Haus zu werfen – das macht er ungerührt und unverschämt.

An solchen Verhaltensweisen lässt sich der Mann unschwer erkennen. [65A] Jede gewünschte unrühmliche und schändliche Tat kann man ihm auftragen; er ist bereit, sich dabei völlig zu verausgaben, nur um seinen Auftragsteller zufrieden zu stellen.

24. Was ihn von anderen Freunden unterscheidet, lässt sich nicht zum wenigsten auch an seiner Haltung gegenüber anderen Freunden erkennen. Für einen echten Freund ist es ja die größte Freude, zu lieben und geliebt zu werden, und zwar mit vielen anderen zusammen, und er ist ständig bestrebt, dass sein Freund viele Freunde hat und damit auch vielfache Ehren genießt. Gemäß dem Sprichwort, dass Freunde alles gemeinsam haben, meint er, dass nichts ein so gemeinschaftlicher Besitz sei wie eben Freunde.

Der Schmeichler aber ist ein Lügner, unecht und ein Falschmünzer: Er ist sich ja durchaus bewusst, dass er die Freundschaft missbraucht, da sie in seinen Händen ein Falschgeld ist. [65B] Es gehört zu seiner Natur, neidisch zu sein, und er zeigt diesen Neid auch gegen seinesgleichen: Er wetteifert mit ihnen in schlechten Scherzen und Prahlerei, ständig in Furcht und Zittern, es könnte einer besser sein als er, jedoch wahrhaftig nicht weil er

als Fußsoldat neben einen lydischen Streitwagen herlaufen kann,

sondern weil er, wie Simonides sagt,* gegen reines, geläutertes Gold nicht einmal Blei zu bieten hat.

Wenn der Schmeichler nun, wie eine leichtgewichtige, falsche und trügerische Münze, neben eine echte, solide und dauerhafte Freundschaft gehalten wird, dann besteht er die Prüfung nicht und wird erkannt. Daher muss er es so machen wie jener Maler, der ein schlechtes Bild von Hähnen gemalt hatte. [65C] Er befahl seinem Sklaven, die echten Hähne möglichst weit weg von dem Bild zu scheuchen. So verjagt der Schmeichler alle echten Freunde und lässt sie nicht an sein Opfer heran. Kann er das nicht erreichen, dann behandelt er sie offen mit kriecherischer Höflichkeit, als seien sie die Besseren; im Stillen aber macht er sie schlecht und streut Verleumdungen aus.

Und durch das ständige geheime Gerede entsteht gewissermaßen eine Wunde, die juckt. Wenn ein solches Vorgehen auch nicht sogleich zu vollem Erfolg führt, so kann er sich doch an das Rezept des Medias halten und es befolgen. Dieser Medias war sozusagen der Anführer des Chores der Schmeichler um Alexander den Großen, der Großmeister aller Tücken, und im Bunde gegen alle redlichen Männer. Er hieß nun seine Truppe, mit kräftigem Biss drauflos zugehen mit ihren Verleumdungen, und belehrte sie, wenn sich der Angegriffene auch von der Wunde heilen könnte, [65D] so bliebe doch die Narbe des bösen Geredes. In der Tat waren es diese Narben, oder eher diese fressenden Geschwüre und Krebsschäden, von denen Alexander zerfressen war: So brachte er Kallisthenes, Parmenion und Philotas ums Leben** und gab sich ohne Hemmungen

---

* Das erste Zitat von Pindar, *Frg.* 206B Snell, auch bei Plutarch, *Vita des Nikias* 1,1; Simonides *Frg.* 87 Page.

** Einen Philosophen sowie Kampfgefährten: Plutarch, *Vita Alexanders* 48–55. Schmeichler werden genannt 23,7; 53,1: Hagnon 40; 55; Bagoas 67. Zu Medios vgl. Plutarch, *Vita Alexanders* 75.

Leuten in die Hände wie Hagnon, Bagoas, Agesias und Demetrios, die ihn erniedrigten, indem sie vor ihm niederfielen wie die Perser, ihn in persische Kleidung steckten und ihn ummodelten zu einem orientalischen Götzenbild.*

Eine solche Macht besitzt die Schmeichelei, und sie hat offenbar die größte Wirkung bei denen, die sich für die Größten halten. Denn der Wahn solcher Personen wie der Wunsch, das Beste zu besitzen, gibt dem Schmeichler die feste Zuversicht auf Erfolg. [65E] Steile Höhen sind schwer zu erklimmen und zu erreichen für solche, die sich vorgenommen haben, sie einzunehmen; ein hochgemuter Geist ist aber, wenn er, zu sehr begünstigt vom Glück oder vom Naturell, nicht genügend Einsicht und Verständigkeit aufbringt, auch von kleinen und niedrigen Naturen leicht einzunehmen.

25. Deshalb haben wir gleich zu Anfang nachdrücklich darauf hingewiesen und tun es jetzt wieder, dass wir nämlich die Selbstliebe und eben die Selbstüberschätzung bei uns radikal ausmerzen müssen. Das ist nämlich die Schmeichelkraft in unserm Innern; sie macht uns weich und nachgiebig und nur allzu bereit für die Schmeichler von außen. Wenn wir aber dem Gott von Delphi folgen und lernen, wie bedeutsam sein Gebot »Erkenne dich selbst« für jeden von uns ist, und wenn wir gleichzeitig sorgfältig unsere eigene Veranlagung, Erziehung und Ausbildung überprüfen, [65F] wie vielerlei dabei noch zum wahren Guten fehlt, und wie viel Übles oder Unüberlegtes da unseren Worten, Taten und Gefühlen beigemischt ist – wenn wir das erkannt haben, dann werden wir nicht so leicht zur Beute der Schmeichler werden. Alexander der Große sagte, zwei Dinge ließen ihn hauptsächlich an denen zweifeln, die ihn für einen Gott hielten: der Schlaf und die Liebe, denn darin fühle er sich doch weniger über das Menschliche erhoben und zu sehr den Gefühlen untertan.**

---

* Plutarch, *Vita Alexanders* 45; 47. Die Übernahme von Teilen persischer Kleidung sowie die Proskynese, die kniefällige Huldigung, waren von Alexander als Integrierungsmaßnahme gedacht und als solche von Plutarch anderweitig durchaus positiv bewertet. Vgl. V*on Alexanders Glück oder Tapferkeit* I 8 mor. 330A–D; *Vita Alexanders* 45..

** Plutarch, *Vita Alexanders* 22.

[66A] Wenn wir aber nun bei so vielen Gelegenheiten immer wieder so manches Ungute, Kränkende, Unvollkommene und Fehlerhafte aller Art bei uns aufspüren, da werden wir wohl einsehen, dass wir keinen Freund nötig haben, der uns lobt und in den Himmel hebt. Wir brauchen vielmehr einen, der unser Tun auf die Probe stellt, der frank und frei mit uns redet und uns wahrhaftig auch einmal streng zurechtweist, wenn wir etwas Unrechtes getan haben. Davon gibt es ja nur wenige, die den Mut haben, eher freimütig zu den Freunden zu sprechen als ihnen zu Gefallen zu reden. Und unter diesen wenigen findest du wiederum nicht leicht welche, die diese freimütige Sprache auf rechte Weise einzusetzen wissen: Es gibt da eher solche, die meinen, wenn sie schimpfen und schmähen, dann übten sie Freimütigkeit [66B]. Doch eine freimütige Rede wird, wie jedes andere Heilmittel, wenn man dabei nicht den rechten Zeitpunkt findet, nur unnötig Leiden und Unruhe verursachen. Sie wirkt dann auf schmerzhafte Weise auf den Betreffenden ein, was die Schmeichelei auf angenehmem Wege erreicht. Denn nicht nur Lob zur Unzeit bringt Schaden, sondern auch Tadel. Man lässt sich dann gekränkt von den Schmeichlern leicht vereinnahmen, indem man die scharfe Klippen und Abhänge meidet und wie Wasser in sanfte Täler hinabfließt.

Deshalb sollte Freimütigkeit mit einer taktvollem Art und einem vernünftigen Vorgehen verbunden sein, das jedes Übermaß und jede Heftigkeit vermeidet. Denn die anderen sollen sich ja nicht, wie bei einem zu grellen Licht, verwirrt und verletzt fühlen durch solche, die alles tadeln und an allem herummäkeln. [66C] Sonst werden sie sich nämlich in den Schatten zu den Schmeichlern flüchten und sich an die halten, die ihnen nicht wehtun.

Nun kann, mein lieber Philopappos, jede Art von Fehlern durch die Tugend überwunden werden, nicht durch das entgegengesetzte Laster, so wie manche meinen, Schüchternheit durch Frechheit, bäurisches Wesen durch eine mokante Redeweise ersetzen zu können. Und sie glauben dann, sie seien völlig frei vom Verdacht der Feigheit und Weichlichkeit, wenn sie sich möglichst anmaßend und unverschämt benehmen. Manche wieder wollen beweisen, dass sie frei sind von jedem Aberglauben, indem sie als Atheisten auftreten, oder sie spielen den Schlaukopf, damit sie ja keiner für dumm hält. [66D] So biegen sie ihren Charakter wie ein Stück Holz von einer

Krümmung in die entgegengesetzte, weil sie nicht wissen, wie sie ihm eine gerade Richtung geben sollen.

Die schlimmste Art aber, den Anschein von Schmeichelei zu vermeiden, ist es, wenn man ohne Not beleidigend wird. [66D] Und es zeigt wirklich einen Mangel an Bildung und an Geschick, sich das Wohlwollen anderer zu gewinnen, wenn man, um nur ja alles Servile und Anbiedernde in der Freundschaft zu vermeiden, einen herben und rauen Ton anschlägt. Das ist gerade so wie bei dem Freigelassenen in der Komödie, der meint, er nutze sein Recht, von gleich zu gleich mit jedermann zu reden, indem er die Leute anpöbelt. So macht man sich ferner verächtlich, wenn man, um jemandem zu gefallen, in Schmeichelei verfällt, aber ebenso, wenn man, um jeden Anschein der Schmeichelei zu vermeiden, durch übertriebenen Freimut die freundschaftliche Zuneigung zerstört. Daher sollten wir nicht von einem Extrem ins andere fallen: Auch hier bei der freimütigen Rede gilt wie überall, dass die Wahrheit in der Mitte liegt.

Darüber muss wohl noch einiges ausgeführt werden, was dann den Schlussteil meiner Arbeit bilden soll.

26. [66E] Wir haben gesehen, dass die Freimütigkeit eine Reihe von fatalen Fehlern im Gefolge haben kann, und so müssen wir zuerst darangehen, die Selbstliebe auszuschalten. Da heißt es vor allem davor auf der Hut sein, dass es nicht so aussieht, als hätten wir persönliche Gründe für unseren Tadel, wie etwa dass uns Unrecht geschehen oder uns Kummer zugefügt worden sei. Die Leute glauben ja nur zu gern, dass jemand nicht in guter Absicht, sondern aus Ärger in eigener Sache spricht, und dass es nicht um Ermahnung, sondern um kränkende Vorwürfe geht. Wahre Freimütigkeit zeugt aber von einer freundschaftlichen und edlen Gesinnung; dem anderen Vorwürfe zu machen, und Fehler nachzuweisen offenbart ein selbstgefälliges und kleinliches Wesen. Daher ernten solche, die in rechter Weise freimütig sprechen, Anerkennung und bewundernden Respekt; die Kritteler und Fehlersucher aber kriegen ihre Vorwürfe zurück und finden Verachtung. So konnte in der *Ilias* Agamemnon den Achilleus nicht ertragen, der doch zu Anfang mit moderatem Freimut spricht. [66F] Später aber setzt Odysseus Agamemnon hart zu mit den Worten:

Elender, würdest du doch ein anderes, feigeres Kriegsvolk
Führen, statt uns zu befehlen!*

Da gibt Agamemnon nach und lässt es sich gefallen, beeindruckt von der Sorge des anderen und dem vernünftigen Ton seiner Worte. Odysseus hat ja keinen Grund für einen persönlichen Ärger; wenn er aufrüttelnd zu ihm spricht, dann geht es ihm dabei um ganz Hellas. [67A] Achilleus aber scheint ihm mehr aus persönlichen Gründen zu grollen. Und Achilleus selbst ist zwar »nicht von sanftem Gemüt und freundlich im Herzen«, sondern ein »schrecklicher Mann mit heftigem Sinn, denn leicht beschuldigt er einen, der schuldlos«.

Dennoch lässt Achilleus es sich schweigend von Patroklos gefallen, als der ihm solche Vorwürfe macht:**

Grausamer du, dein Vater war nicht der rosselenkende Peleus,
Thetis nicht deine Mutter; dich schuf die finstere Meerflut
Und die ragenden Felsen; denn starr ist dein Sinn und gefühllos!

Der Redner Hypereides*** verlangte von den Athenern, sie sollten nicht nur darauf sehen, ob er bitter sei, sondern eher, ob er für seine bittere Redeweise einen Grund habe oder nicht. [67B] Ebenso findet auch die Ermahnung des Freundes, wenn sie frei ist von persönlichem Ressentiment, Respekt und Achtung und keinen Widerstand. Zeigt der andere nämlich, dass er bei seinem freimütigen Gespräch etwaige Verfehlungen des Freundes gegen ihn selbst ganz beiseite lässt, und ihn zur Rechenschaft zieht für andere Fehler und ihn bei solchen Gelegenheiten ohne Schonung angreift, dann gibt es einem derartigen Freimut gegenüber keine Ablehnung. Durch einen verbindlichen Ton wird das Herbe und Strenge der Ermahnung nur noch verstärkt. Wie ganz richtig gesagt wird, soll man, wenn man Ärger oder Streit mit den Freunden hat, darauf sehen, was ihnen von Nutzen ist oder ihnen zupass kommt. [67C] Und nicht weniger

---

* Homer, *Ilias* 14,84f.; im Folgenden: 20,467; 11,654f.; 16,33ff. (Übers. Voß). Vgl. hierzu die Einleitung zu Giebel: Plutarch, *Wie man den Zorn besiegt* (2023).

** Weil er im Groll verharrt und nicht mitkämpft, um seinen Kameraden zu helfen (Homer, *Ilias* 16,33ff., Übers. Voß)

*** Plutarch, *Vita des Phokion* 10..

gehört auch dieses zur Freundschaft: Sogar wenn wir uns selbst gerade zurückgesetzt und vernachlässigt fühlen, sollten wir freimütig für andere eintreten, die gleichermaßen gering geschätzt werden, und unsere Freunde an sie erinnern.

So machte es Platon: Er war dem Dionysios bereits verdächtig und in Ungnade gefallen, bat ihn aber doch um ein Gespräch zu gelegener Zeit. Dionysios gewährte es und erwartete, Platon werde sich seinetwegen beklagen und einen langen Katalog von Beschwerden vorbringen. Platon aber sprach etwa so mit ihm: »Wenn du hörtest, Dionysios, es käme einer nach Sizilien in feindlicher Absicht, und er wolle dir etwas antun, hätte aber keine passende Gelegenheit gefunden – würdest du ihn dann wieder heimsegeln lassen: Dürfte er ungestraft von dannen gehen?« »Aber nein, Platon, keineswegs«, entgegnete Dionysios, [67D] »nicht nur die Taten unsrer Feinde, sondern auch ihre Absichten müssen als hassenswert bestraft werden.« »Wenn nun aber«, sagte Platon, »jemand in freundschaftlicher Gesinnung gegen dich hierherkommt und dir etwas Gutes tun will, du gibst ihm aber keine Gelegenheit dazu – ist es dann recht und billig, ihn ohne Dank und ohne ihn zu beachten, wieder abreisen zu lassen?« Auf die Frage des Dionysios, wer das denn sei, antwortete Platon: »Aischines,* ein Mann von so rechtschaffenem Charakter wie nur einer von den Schülern des Sokrates, und fähig, jeden, der sich an ihn anschließt, durch seine Rede zu bessern. Er ist weit übers Meer hierher gereist [67E], um mit dir durch die Philosophie in Verbindung zu treten, nun aber sieht er sich völlig unbeachtet.« Diese Worte machten einen solchen Eindruck auf Dionysios, dass er augenblicklich Platon umarmte und küsste, ganz hingerissen von seiner gütigen und großherzigen Gesinnung, und dem Aischines erwies er auch auf edle und großzügige Weise seine Aufmerksamkeit.

27. Als zweites müssen wir die Freimütigkeit gleichsam reinigen, indem wir alle Spuren von Arroganz, Spott, Ironie und Verunglimpfung ausscheiden, als unbekömmliche Würzmittel der freimütigen Rede. Es ist gerade wie wenn ein Arzt eine Operation vornimmt: Da muss er bei seinen Tätigkeiten zwar einen gewissen präzisen und

* Aischines: Sokratesschüler, Philosoph und Rhetor, vgl. DL 2,60–64.

sorgfältigen Bewegungsablauf beachten, aber seine Hand muss frei sein von jeder überflüssigen Bewegung oder Gestikulation, wie sie die Hand eines Tänzers zeigt. So hat auch die Freimütigkeit Raum für eine gewandte, urbane Ausdrucksweise, wenn nur dabei die Würde gewahrt bleibt. Wenn aber ein unverschämter, herabsetzender und hochfahrender Ton herrscht, dann wird alles gründlich verdorben. [67F] So hat ein Lyraspieler den König Philipp von Makedonien mit einer keineswegs plumpen und durchaus witzigen Antwort zum Schweigen gebracht. Der König hatte nämlich angefangen, mit ihm über die Art des Saitenspiels zu diskutieren. »Ich wünsche nur, mein König«, sagte er, »es möge dir nie so schlecht gehen, dass du darin ein größerer Experte wirst als ich.« [68A] Epicharm* dagegen gab dem König Hieron nicht die richtige Antwort. Dieser hatte einige seiner Freunde getötet und lud ihn wenige Tage später zur Tafel. »Aber neulich«, sagte er, »als du opfertest, hast du deine Freunde nicht eingeladen.« Antiphon hatte auch kein Glück mit seiner Antwort, als man bei Dionysios die Frage behandelte, welches Erz das Beste sei. »Dasjenige«, sagte er, »aus dem die Athener die Statuen des Harmodios und Aristogeiton gemacht haben.« Das Kränkende und Bittere bei solchen Äußerungen bringt keinen Nutzen, ebenso wenig wie der Sarkasmus und die boshaften Anspielungen dabei ergötzlich sind. Diese Art von schlagenden Erwiderungen zeigt aber nur, dass man seine Zunge nicht beherrscht und seiner Anmaßung und Feindseligkeit freien Lauf lässt. Die das tun, reden sich damit um Kopf und Kragen; sie tanzen, wie es heißt, am Rande des Abgrunds. [68B] Antiphon wurde auf Befehl des Dionysios umgebracht, und Timagenes verlor seinen Platz unter den Freunden des Kaisers Augustus. Und das nicht, weil er allzu freimütige Parolen aufbrachte, sondern weil er bei Gastmählern und Diskussionen jedes Mal – nicht einmal in einer ernsten Angelegenheit – sondern,

* Epicharmos lebte um 450 v. Chr. in Sizilien, dichtete Komödien unter den Herrschern Gelon und Hieron in Syrakus. – Antiphon war Tragödiendichter am Hof des Dionysios I. – Harmodios und Aristogeiton waren die berühmten Tyrannenmörder in Athen (514 v. Chr.).

wo ihm nur etwas erschien,
das zum Lachen war für die Argeier,*

sich unter dem Deckmantel der Freundschaft Schmähungen erlaubte.

Die Komödiendichter haben auch so manche bitterböse Kritik an den politischen Verhältnissen auf die Bühne gebracht. Aber weil sie Lachen und Spott vermischten, wie eine unbekömmliche Würze zu Speisen, verlor die Freimütigkeit ihre Wirkung und ihren Nutzen. Für die Autoren bleibt dann nur der Ruf der Bosheit und Spottsucht, [68C] die Hörer aber können keinen Nutzen ziehen aus ihren Worten. Im Kreise von Freunden haben durchaus auch Scherz und Lachen einen Platz; bei freimütigem Reden müssen aber Ernst und Anstand gewahrt bleiben. Und wenn es um gewichtigere Dinge geht, dann muss unsere Rede durch unseren Gefühlsausdruck, unsere Haltung und den Ton unserer Stimme überzeugen und bewegen.

Den falschen Zeitpunkt zu wählen ist bei jeder Sache von Übel, ganz besonders aber bei der Freimütigkeit, die dadurch ihren Ansatzpunkt und damit ihren Nutzen verliert. Dass man dies auch beim Wein und in der Trunkenheit zu beachten hat, ist klar. Denn derjenige überzieht gewissermaßen den Himmel mit Wolken, der mitten unter Scherz und Frohsinn mit Reden anfängt, bei denen die anderen die Augenbrauen hochziehen und die Stirn in Falten legen. Er tritt damit gewissermaßen gegen den erlösenden Gott [Dionysos-Bakchos] auf, [68D]»der uns löst aus den Banden von Sorgen und Kummer«, wie Pindar sagt.** Außerdem kann die Wahl eines verkehrten Zeitpunkts auch ziemlich gefährlich werden. Denn die Gemüter sind dann, vom Wein erhitzt, leicht reizbar, und oftmals hat Trunkenheit zunächst zu offenen Worten, dann aber zu Feindschaft geführt.*** Und überhaupt ist es auch

---

* Gemeint ist der hässliche und schmähsüchtige Thersites vor Troja: Homer, *Ilias* 2,215. – Timagenes aus Alexandria, Geschichtsschreiber und Rhetor, bei Augustus beliebt, der ihm später aber sein Haus verbot, weil er boshafte Bemerkungen über ihn und seine Gattin und seine ganze Familie verbreitet und sich auch auf Mahnungen des Augustus hin nicht gemäßigt hatte. Vgl. Seneca, *De ira – Über den Zorn* 3,23,4ff.

** Pindar, *Frg.* 248 Snell. – Der Beiname des Dionysos ist Lyaios: Plutarch folgt der Ableitung von *lyein*, lösen, erlösen.

*** Wie bei Alexander und Kleitos, Plutarch, *Vita Alexanders* 50f.; hier Kap. 32

nicht das Zeichen eines edlen und aufrechten Charakters, sondern eher feige, wenn man in nüchternem Zustand nicht frei zu reden wagt, an der Tafel aber sich etwas herausnimmt, so wie feige Hunde. Darüber braucht man gar nicht viele Worte zu verlieren.

28. Viele halten es nicht für richtig – oder sie getrauen sich nicht – ihre Freunde, wenn es ihnen gut geht, zurechtzuweisen. Auf den Höhen des Glücks sind sie, wie sie meinen, gar nicht erreichbar für einen Tadel. [68E] Daher gehen sie dann auf sie los, wenn sie in Unglück und Not sind, und trampeln auf ihnen herum. Wenn sie schon ganz niedergedrückt und am Boden sind, dann gießen sie die ganze Flut ihrer Freimütigkeit, wie einen lange gewaltsam zurückgehaltenen Strom, über sie aus. Und sie genießen geradezu diesen Wechsel des Glücks, einmal weil die Freunde sie früher geringschätzig behandelt haben, und dann weil sie sich früher nicht getraut haben, etwas zu sagen.

Es ist also wohl angebracht, auch darüber zu sprechen, und dem Euripides zu antworten, wenn er sagt:*

Wenn uns die Gottheit Glück beschert, was soll der Freund?

Doch gerade im Glück hat man Freunde ganz besonders nötig, die freimütig reden und unseren übermäßigen Stolz in Schranken halten. Es gibt ja nur wenige, die im Glück Besonnenheit beweisen; die meisten brauchen in ihrer Aufgeblasenheit und in ihrem Glückstaumel jemand von außen, der seinen nüchternen Verstand und sein Urteilsvermögen einbringt.

[68F] Wenn die Gottheit sie aber niedergeworfen und ihren Stolz geknickt hat, dann liegt in diesen unglücklichen Umständen schon genug, was sie zurechtweist und Reue empfinden lässt. Daher ist nun weder eine freimütige Rede des Freundes angebracht, noch düster-

---

mor. 71C.

* Euripides, *Orestes* 667; vgl. *Herakles* 1336–1139: Theseus zu Herakles: »Solange einen die Götter ehren, ist kein Freund nötig. Doch jetzt brauchst du Freunde.« Er wird Herakles helfen, der in gottgesandtem Wahnsinn seine Kinder getötet hat und Selbstmord begehen will.

strenge oder beißende Worte. Bei einem solchen Umschwung des Schicksals gilt vielmehr:*

> [69A] Süß ist's, zu schaun in eines treuen Mannes Auge,

der Trost und Ermunterung spendet. So erzählt es Xenophon** von Klearchos: Wenn man in sein freundliches und wohlwollendes Gesicht sah, mitten in Schlachten und Gefahren, dann stärkte das die Zuversicht angesichts der Bedrohungen.

Wer aber freimütig und in scharfem Ton zu einem Unglücklichen spricht, der hilft ebenso wenig, als wenn er bei einem gereizten und entzündeten Auge ein Mittel zur Verbesserung der Sehstärke anwendet. Er bringt keine Heilung und nimmt den Schmerz nicht weg, sondern bringt zu dem Schmerz noch Ärger und Gereiztheit bei dem Patienten. Es wird sich zum Beispiel ein Gesunder gar nicht darüber aufregen, wenn ein Freund ihm jetzt gerade Vorhaltungen macht [69B] wegen seiner Liebesabenteuer oder seiner Trinkgelage, oder dass er faul und träge ist, keine sportlichen Übungen macht, sich stattdessen den ganzen Tag in Bädern herumtreibt und zu unpassenden Zeiten zuviel isst, so dass er sich den Magen überlädt. Für einen Kranken aber ist es unerträglich, ja es steigert noch sein Krankheitsgefühl, wenn er hören muss: «Das hast du nun von deiner Unmäßigkeit, deinem Lotterleben mit zuviel Essen und zu vielen Frauen.« »Ach«, sagt er, »Mann, du kommst wahrhaftig im falschen Moment! Ich schreibe gerade mein Testament, die Ärzte bereiten mir scharfe Arzneien – und du gibst mir gute Ratschläge und spielst den Philosophen!« Wenn jemand so unglücklich dran ist, dann ist kein Platz für strenge Reden und moralische Weisheiten – hier braucht es Trost und Hilfe. Es laufen ja die Ammen auch zu den Kindern, wenn sie hingefallen sind, [69C] und schimpfen sie nicht gleich, sondern heben sie auf, waschen sie ab und beruhigen sie. Erst dann geben sie ihnen die verdiente Zurechtweisung.

---

* Euripides, *Ion* 732, vgl. hier 2 mor. 49F..

** Xenophon, *Anabasis* 2,6,11. Klearchos war Feldherr auf dem Zug gegen Kyros den Jüngeren, an dem Xenophon teilnahm.

Demetrios von Phaleron* lebte, so heißt es, nach der Verbannung aus seiner Heimat [zunächst] in der Nähe von Theben, ganz zurückgezogen und in dürftigen Umständen. Da war er gar nicht erfreut, als er sah, dass Krates** zu ihm kam, denn er erwartete seine Freimütigkeit und die schroffe Redeweise, wie sie für ihn als Kyniker typisch war. Krates begrüßte ihn aber ganz freundlich und sprach mit ihm über das Exil: Es sei ja an und für sich kein Übel und nicht wert, dass er sich darüber kränke, sei er doch nun aus einer gefährdeten und unsicheren Existenz befreit. Zugleich ermunterte er ihn, sich selbst und auch der gegenwärtigen Situation gegenüber Zutrauen zu haben. [69D] Dadurch fühlte sich Demetrios aufgeheitert und ermutigt und sagte zu seinen Freunden: »Wie schade, dass meine bisherigen Unternehmungen und Geschäfte mich davon abhielten, solch einen Mann kennen zu lernen!« Wie es beim Dichter heißt:

Den Kummervollen stärkt ja wohl der Freunde Wort,
Jedoch den Toren ist Ermahnung eine Last.

So verhalten sich echte Freunde. Aber die gemeinen und niedrigen Naturen der Schmeichler eines Glücklichen sind – so sagt Demosthenes*** – wie Brüche und Verstauchungen, die sich dann wieder regen, wenn dem Körper etwas zugestoßen ist. So hängen sich Schmeichler an solchen Glücksumschwüngen fest, gerade als ob sie das freudig genießen würden. Ist eine Mahnung nötig in Fällen, wo sich der Freund durch eigene falsche Überlegungen geschadet hat, [69E] dann genügen doch schon die Worte: [Das war]

gar nicht nach meinem Sinn, denn ich selber habe mit großem
Ernst dir abgeraten.****

---

* Politiker und Philosoph, um 350–280, Peripatetiker, leitete in Athen die Staatsgeschäfte (317–307 v. Chr.), bis er im Verlauf der Diadochenkriege ins Exil gehen musste. Nach DL 5,75 war Demetrios von Phaleron (sein Herkunftsort) Schüler des Platonikers Theophrast. Vgl. auch Plutarch, *Über die Verbannung* 601F.

** Krates, Kyniker, Schüler des Diogenes, vgl. DL 6,85–93.

*** Demosthenes, *Or. 18 (Kranzrede)*,198.

**** Homer, *Ilias* 9,108f. Nestor hatte Agamemnon abgeraten, Achilleus sein Ehrengeschenk wegzunehmen.

29. In welchem Fall soll nun ein Freund streng sein, wann soll er in freimütigem Ton sprechen? Wenn ihm die Umstände die Gelegenheit bieten, einer Regung zu leichtfertigem Vergnügen, zu Zorn oder Übermut Einhalt zu tun, oder Habsucht zu unterdrücken, ein unüberlegtes, blindes Drauflosbandeln zu zügeln. Eine solche freimütige Sprache führte Solon gegenüber Kroisos, der durch sein andauerndes Glück, das aber doch etwas Unbeständiges ist, verdorben und aufgeblasen war: Er hieß ihn, auf das Ende zu schauen.* So versuchte auch Sokrates den Alkibiades in Schranken zu halten, er entlockte ihm echte Tränen durch seine Vorhaltungen und bewirkte einen Gesinnungswandel. So machte es auch Kyros [69F] bei Kyaxares, und Platon bei Dion, als dieser auf der Höhe seines Ruhmes stand und die Augen aller auf ihn gerichtet waren angesichts des Glanzes und der Größe seiner Taten. Da ermahnte Platon ihn, auf der Hut zu sein vor der Selbstgefälligkeit und sie zu fürchten, weil sie stets am Ende mit der Einsamkeit zusammen wohnt. So schrieb auch Speusippos [70A] an Dion, er solle sich nichts darauf einbilden, dass Kinder und leichtgläubige Frauen auf der Straße viel über ihn redeten. Vielmehr solle er darauf sehen, Sizilien mit frommer Gesinnung, Gerechtigkeit und den besten Gesetzen auszuschmücken und so seiner Schule, der Akademie, Ruhm einzubringen. Euktos und Eulaios aber, die Gefährten des Königs Perseus,** taten ihm, solange er im Glück war, alles zu Gefallen und schmeichelten ihm, wie die übrigen aus seinem Hofstaat. Als er aber nach seiner Niederlage bei Pydna gegen die Römer auf der Flucht war, da machten sie ihm bittere Vorwürfe und erinnerten ihn an alle seine Fehler und Versäumnisse und hielten sie ihm in allen Einzelheiten vor – [70B] bis am Ende der Mann, außer sich vor Kummer und Zorn, die beiden mit dem Dolch durchbohrte.

* Vgl. Herodot 1,30ff., Plutarch, *Vita des Solon* 27. – Alkibiades: Platon, Symposion 215e, 216a. – Kyros der Ältere: Xenophon, *Kypupädie* 5,5ff. – Platon und Dion: Platon, *4. Brief* 321b; Plutarch, *Vita des Dion* 8. – Speusippos: Nachfolger Platons in der Leitung der Akademie, vgl. DL 4,5.

** Perseus: letzter König von Makedonien, 179–168 v. Chr., nach drei Makedonischen Kriegen 168 bei Pydna von L. Aemilius Paulus geschlagen, Makedonien kam unter römische Oberherrschaft. Vgl. Plutarch, *Vita des Aemilius Paulus* 23.

30. Wir wollen nun allgemein die passende Gelegenheit für ein freimütiges Auftreten bestimmen. Diese Momente, die sich im Freundeskreis oft von selbst ergeben, darf ein fürsorglicher Freund nicht ungenutzt verstreichen lassen, sondern muss sie nutzen. Es kann bisweilen eine Frage, eine Erzählung, ein Tadel oder ein Lob ähnlicher Dinge die Basis abgeben, um sich freimütig über etwas zu äußern. So soll, wie es heißt, Demarat gerade zu der Zeit aus Korinth nach Makedonien gekommen sein, als König Philipp im Streit lag mit seiner Frau und seinem Sohn. Philipp begrüßte Demarat und fragte ihn, wie es mit der Eintracht der Griechen untereinander stehe. Demarat, der es gut mit ihm meinte und ihn gut kannte, antwortete: [70C]»Da hast du ja wahrhaftig das Richtige getroffen, Philipp, wenn du dich nach der Einigkeit zwischen Athenern und Peloponnesiern erkundigst und dich selbst nicht darum kümmerst, dass dein eigenes Haus voll ist von Zwist und Uneinigkeit.«* Diogenes hatte auch die richtige Antwort, als er in das Lager Philipps gekommen war, der damals gegen die Griechen zu Felde zog. Er wurde vor ihn gebracht, Philipp kannte ihn aber nicht und fragte ihn, ob er ein Spion sei. »Ja«, sagte er, »allerdings bin ich ein Spion, Philipp, ich bin nämlich deiner Unbesonnenheit und Torheit auf der Spur, die dich ohne Not dazu zwingt, Königreich und Leben in einer einzigen Stunde aufs Spiel zu setzen.« Was freilich wohl etwas zu hart war.

31. Eine andere Gelegenheit zur Ermahnung bietet sich, wenn jemand von anderen wegen seiner Verfehlungen schon hat Tadel einstecken müssen [70D] und deshalb niedergedrückt ist und sich gedemütigt fühlt. Diese Situation kann jemand mit Fingerspitzengefühl geschickt nutzen, wenn er zum einen die Tadler zurückweist und wegschickt, dann aber selbst den Freund beiseite nimmt und ihn ermahnt, sich doch in acht zu nehmen, und sei es auch aus keinem anderen Grund, als dass seine Feinde nicht über ihn triumphieren könnten. Er mag zu ihm sagen: »Wie können diese da denn überhaupt noch den Mund aufmachen, wie können sie ein Wort gegen dich vorbringen, wenn du dich davon freimachst und das alles von dir wirfst, was dir einen schlechten Ruf einbringt?« Auf diese Weise bleibt ja das Kränkende aufseiten des Tadlers, das Nützliche aber hat der Freund und Ratgeber auf seiner Seite.

---

* Demarat: Gastfreund König Philipps, aus Korinth. Vgl. Plutarch, *Vita Alexanders* 9,12f.

[70E] Manche gehen auch noch spitzfindiger vor: Indem sie Fehler an anderen tadeln, bringen sie ihre Freunde zur Umkehr; sie tadeln nämlich an den anderen das, von dem sie wissen, dass ihre Freunde es tun. Mein Lehrer Ammonios* hatte bei einer Philosophiestunde am Nachmittag gemerkt, dass einige seiner Schüler zu Mittag ein alles andere als frugales Mahl [wie zu Mittag üblich] eingenommen hatten. Da trug er seinem Freigelassenen auf, seinem Sklaven Schläge zu verabreichen und fügte als Erklärung hinzu: »Der Bursche kann nicht essen ohne Zukost dazu!« Zugleich blickte er uns an, damit der Tadel auch die Schuldigen traf.

32. Man muss auch noch vorsichtig sein, wenn man den Freund in Gegenwart zahlreicher anderer freimütig tadelt. Da sollte man an Platon denken. Als nämlich Sokrates einen seiner Schüler bei einem Gespräch bei den Tischen der Geldwechsler ziemlich heftig getadelt hatte, sagte Platon: »Wäre es nicht besser gewesen, du hättest ihm das unter vier Augen gesagt?« Und Sokrates darauf: [70F]»Hättest du nicht besser getan, mir das unter vier Augen zu sagen?« Und von Pythagoras heißt es, er habe einmal einen Schüler ziemlich hart angegriffen im Beisein vieler Leute. Da sei der junge Mann hingegangen und habe sich erhängt, und von der Zeit an habe Pythagoras nie mehr jemand getadelt, wenn irgendein anderer dabei war. Einen Fehler sollte man nämlich wie eine verunstaltende Krankheit behandeln, und die Zurechtweisung und Offenlegung sollte im Geheimen geschehen. [71A] Keineswegs sollte man eine Schau in der Öffentlichkeit daraus machen und Zeugen und Zuschauer darum versammeln. Das ist kein Freund, sondern ein Sophist, der sich durch die Fehler anderer berühmt machen will und sich vor den Zuschauern mit seiner Schauseite präsentiert, so wie die Ärzte Operationen in den Theatern vorführen, um Patienten anzulocken. Um die Überheblichkeit beiseite zu lassen, die bei keiner Form einer Behandlung gerechtfertigt ist, muss man auch noch berücksichtigen, dass an einer Verfehlung dann auch hartnäckig und eigensinnig festgehalten wird. Denn es ist nicht genug, mit Euripides zu sagen:

---

* Ammonios: platonischer Philosoph aus Ägypten, lebte und lehrte in Athen, Lehrer Plutarchs, vgl. dessen Dialog *Über das E in Delphi* mor. 384C–394C. Hier bringt Ammonios eine Erklärung zu der umstrittenen Frage, was dieser Buchstabe bedeute, der am Tempel zu lesen ist.

Je mehr man die Liebe tadelt, desto mehr wächst sie an*;

nach einer schonungslosen Kritik in der Öffentlichkeit wird der Betreffende für seine Leidenschaft keine Schamgrenze mehr kennen. [71B] Platon verlangt ja von älteren Männern, die Respekt und Schamgefühl von den Jüngeren einfordern, dass sie selbst zuerst Anstand und Respekt den Jungen gegenüber zeigen.** So wird auch unter Freunden Freimut mit Anstand wohl am ehesten ein anständiges Verhalten hervorrufen. Und durch die vorsichtige ruhige Art, mit der der Freund mit dem Fehler des anderen umgeht, kann er das Fundament des Lasters untergraben und mit der Wurzel ausrotten. Es wird dann aufgefüllt mit Respekt und Anstandsgefühl, das aus dem erwächst, was dem anderen erwiesen wurde. Es ist also ganz richtig, wenn es heißt:

Neigte das Haupt und sprach leise,
damit es die andern nicht hörten.***

Am wenigsten schickt es sich, einen Ehemann bloßzustellen vor den Ohren seiner Frau, einen Vater vor den Augen seiner Kinder, einen Liebhaber in Gegenwart seines Geliebten, [71C] oder einen Lehrer vor seinen Schülern. Sie werden nämlich vor Kummer und Ärger ganz außer Fassung geraten, wenn sie vor denen getadelt werden, vor denen sie doch gut dastehen wollen.

Meiner Meinung nach war es auch bei Kleitos so: Es war nicht der Alkohol, der Alexander so erbittert gegen ihn vorgehen ließ, sondern dass Kleitos so auftrat, als wolle er ihn in Gegenwart vieler in die Schranken weisen.****

---

* Aus der verlorenen Tragödie *Stheneboia*.

** Platon, *Nomoi – Gesetze* 729bc.

*** Eine diskrete Redeweise, vgl. Homer, *Odyssee* 1,157; 4,70; 17,592.

**** Vgl. Plutarch, *Vita Alexanders* 50ff.

Ähnlich war es auch bei Aristomenes, dem Lehrer und Erzieher des Königs Ptolemaios.* Der war einmal während der Anwesenheit einer Gesandtschaft eingenickt, und Aristomenes gab ihm einen Schubs, um ihn aufzuwecken. Er bot damit den Schmeichlern eine Gelegenheit, ihn zu stürzen. Sie taten nämlich so, als kränkten sie sich im Namen des Königs und sagten zu diesem: »Wenn dich nach all deiner anstrengenden Tätigkeit und deinen schlaflosen Nächten der Schlaf übermannt, so mussten wir das nur dir allein vorhalten, aber nicht Hand an dich legen vor so vielen Leuten.« [71D] Ptolemaios schickte Aristomenos daraufhin einen Becher voll Gift und befahl ihm, ihn auszutrinken.

So sagt auch Aristophanes, dass Kleon ihm einen solchen Vorwurf mache:**

In Gegenwart von Fremden verunglimpft er die Stadt –

und erbitterte damit die Athener. Deshalb muss man sich auch, abgesehen von dem, was wir schon behandelt haben, davor hüten, mit freimütigen Auftritten glänzen zu wollen oder Popularität zu gewinnen – man soll das nur tun in der Absicht zu nützen und zu bessern. Auch was Thukydides die Korinther über sich selbst sagen lässt,*** dass sie nämlich berechtigt seien, andere zu tadeln, ist nicht schlecht, und beherzigenswert für alle, die sich freimütig äußern wollen. Wie es heißt, hat Lysander zu einem Mann aus Megara, [71E] der in der Versammlung der Bundesgenossen freimütig für Hellas sprach, gesagt, für seine Worte brauchte es nur auch einen entsprechenden Staat.**** So muss jeder charakterfest sein, der freimütig auftritt, und das ist nur allzu wahr bei denjenigen, die andere zurechtweisen und auf den rechten Weg bringen wollen. So sagte Platon, er wirke mahnend auf Speusippos ein durch seine Lebensweise,*****

* Ptolemaios V. Epiphanes (205–181 v. Chr.), vgl. Polybios 15,31.

** Aristophanes, *Acharner* 503. Der Dichter spricht hier in der Person des Hauptdarstellers Dikaiopolis. Vgl. dazu N. Holzberg, Aristophanes. München 2010, 46.

*** Thukydides 1,70,1.

**** Plutarch, *Leben des Lysander* 22.

***** Zu Speusipp vgl. Plutarch, *Über die Bruderliebe* mor. 491F sowie DL 4,1–5. – Xenokrates DL4,6–11; Polemon DL 4,16–20.

und der bloße Anblick von Xenokrates im Unterrichtsraum und ein Blick von ihm brachten Polemon zur Umkehr und zur Besserung. [71F] Wenn aber ein charakterlich schwacher Mann es unternimmt, als freimütiger Redner aufzutreten, dann muss er sich unweigerlich dieses anhören:

Ein Arzt willst du sein für andere,
bist aber selbst voller Eiterbeulen.*

33. Nun ergibt sich aber öfters folgende Situation: Personen, die selbst keine vorbildlichen Charaktere sind, müssen andere zurechtweisen, mit denen sie zusammen sind, und die auch nicht besser sind als sie selbst. Da ist es die beste Taktik, wenn wir uns bei unserem Tadel selbst mit einschließen in den Vorwurf, so wie es in der *Ilias* heißt:**

Tydeus' Sohn, wie konnten wir doch
den Kampfgeist vergessen …

[72A] und noch:

Jetzt sind wir nicht *einem* gewachsen – Hektor.

So brachte auch Sokrates die jungen Leute ganz bedachtsam zur richtigen Überzeugung, indem er sich selbst keineswegs von der Unwissenheit ausschloss,*** sondern meinte, er müsse ebenso wie sie sich um die Tugend bemühen und nach der Wahrheit suchen. Denn diejenigen gewinnen Zuneigung und Vertrauen, die offensichtlich die gleichen Fehler haben und ihre Freunde besser machen, ebenso wie sich selbst. Wer sich aber ein Ansehen geben will, indem er einen anderen kritisiert, so als ob er selbst eine Person ohne Fehl und Tadel sei – wenn er nicht gerade in gesetztem Alter oder eine moralische Autorität ist – dann wird er den anderen nur lästig und

* Aus einer verlorenen Tragödie des Euripides, mehrfach zitiert von Plutarch.
** Homer, *Ilias* 11,313 und 8,234: Odysseus gegenüber Diomedes sowie Agamemnon zum Griechenheer beim Ansturm Hektors.
*** Vgl. seinen bekannten Ausspruch: »Ich weiß, dass ich nichts weiß«, nach Platon, *Apologie* 23a.

beschwerlich sein und ihnen gar keinen Nutzen bringen.

So hatte Phoinix durchaus eine Absicht dabei, [72B] wenn er Achilleus gegenüber seine eigenen Vergehen zur Sprache brachte, wie er nämlich vom Zorn übermannt seinen eigenen Vater töten wollte, und wie er rasch aber seinen Sinn änderte:*

Dass die Achaier nicht künftig den Vatermörder mich nennten.

Es sollte nicht so aussehen, als wolle er Achilleus von seinem Zorn abbringen, sei aber selbst frei von Zornesanwandlungen und überhaupt ohne alle Fehler. Eine solche Art der Ermahnung dringt in die Seele ein; man lässt sich eher von jemand überzeugen, der die gleichen Gefühle hat und andere deswegen nicht verachtet.

Man darf ein grelles Licht nicht zu nahe an ein entzündetes Auge bringen, und ebenso wenig kann ein von Leidenschaften aufgewühltes Gemüt freimütig geäußerten Tadel ohne eine lindernde Beimischung vertragen. Zu den wirksamsten Hilfs- und Heilmitteln gehört es daher, ein wenig Lob hineinzumischen, wie im Folgenden:**

[72C] Nicht zur eigenen Ehre gebt ihr nach
in stürmischer Kampfkraft;
Seid ihr doch alle die Besten im Heer. Ich würde mich wahrlich
Gegen den Mann nicht wenden, der nur ermattet im Kampfe,
Weil er ein Schwächling ist, doch euch verarg' ich's von Herzen.

und auch:

* Homer, *Ilias* 9,461. Phoinix war zu Peleus gekommen, dem Vater Achills, und wurde dann Achills väterlicher Freund und Mentor. Er kommt nun mit der Bittgesandtschaft, die – vergeblich – mit reichen Geschenken von Agamemnon Achill zur Rückkehr in den Kampf bewegen will.

** Homer, *Ilias* 13,116ff. Die häufige epische Form der Paränese:Lob als Forderung. Poseidon in menschlicher Gestalt rüttelt hier die Griechen auf, als Hektor und die Troer schon an den Schiffen kämpfen. – Homer, *Ilias* 5,171f.: Pandaros, der beste Bogenschütze der Troer, wird von Aeneas ermahnt.

Pandaros, wo dein Bogen und wo die gefiederten Pfeile,
und dein Ruhm, den kein Mann allhier dir bestreitet?

Auch eine Redeweise wie im Folgenden kann aufrüttelnd wirken gegenüber solchen, die dabei sind, vom Wege abzuweichen:

Doch Ödipus, wo ist er, wo der berühmte Rätselspruch?*

oder:

Und das spricht Herakles, der soviel ertragen?**

[72D] Das mildert nicht nur den harten und strafenden Ton bei einem Tadel, sondern erregt im anderen auch ein Gefühl des Wetteifers mit sich selbst. Er fühlt Scham angesichts seiner üblen Taten, indem er erinnert wird an sein ehrenvolles Handeln, und er nimmt sich sein besseres Selbst zum Vorbild. Wenn wir ihn aber mit anderen vergleichen, etwa mit Altersgenossen, Mitbürgern oder Verwandten, dann bestärkt das nur die Streitsucht, die mit Fehlverhalten einhergeht. Er wird verbittert und verstockt und wird dann oft ärgerlich sagen: »Warum gehst du denn nicht zu denen, die soviel besser sind als ich, und lässt mich in Ruhe?« So muss man sich hüten, wenn man jemand tadeln will, im gleichen Atemzug andere zu loben, ausgenommen natürlich, wenn es dessen Eltern sind. So konnte ja Agamemnon als Ansporn zu Diomedes sagen:***

[72E] Wenig ähnelt dem Vater der Sohn des mutigen Tydeus!

---

* Euripides, *Phoenissen* 1688. Ödipus hatte das Rätsel der Sphinx gelöst und damit Theben befreit und wurde König. Später aber musste er als blinder Greis in die Verbannung gehen. Seine Tochter Antigone will ihn aufmuntern.

** Euripides, *Herakles* 1250: Nach seinen großen Taten tötet Herakles in einem gottgesandten Wahnsinn seine Kinder und möchte dann sterben. Theseus kommt und will ihn freundschaftlich aufrichten und mit nach Athen nehmen. Vgl. 1336–1339.

*** Homer, *Ilias* 5,800: Tydeus' Sohn: Diomedes. Es spricht nicht Agamemnon, sondern die Göttin Athene, die schon Tydeus im Kampf beistand und die nun Diomedes auf dem Schlachtfeld ermutigt, sogar gegen den Kriegsgott Ares vorzugehen.

Und so sagt auch Odysseus in den *Skyrern* zu Achilleus:*

Was sitzt du hier und machst dem glanzvollen Ruhm
deines Geschlechtes Schande,
Spinnst Wolle, und dein Vater ist der Beste der Hellenen!

34. Am wenigsten passt es, wenn man auf einen Vorwurf mit einem anderen antwortet und freimütigen Worten ebensolche entgegensetzt. Da erhitzen sich schnell die Gemüter, und es kommt zum Streit. Und überhaupt erweckt ein solcher Schlagabtausch nicht den Eindruck, als erwidere man die Freimütigkeit, sondern eher, man könne sie nicht ertragen.

Besser ist es daher, es geduldig hinzunehmen, wenn ein Freund etwas zu rügen hat. Falls er dann später selbst einmal einen Fehler macht und eine Zurechtweisung verdient hat, so gibt er uns dadurch gewissermaßen das Recht auf eine freimütige Ermahnung.

[72F] Denn wenn man ihn ohne kränkenden Ton daran erinnert, dass er ja selbst auch gewöhnlich die Fehler seiner Freunde nicht übersieht, sondern sie dafür tadelt und eines Besseren belehrt, wird er eher geneigt sein, nachzugeben und die Zurechtweisung anzunehmen: als eine Reaktion in Form von wohlwollender und freundschaftlicher Gesinnung, nicht in ärgerlicher Kritik.

35. Ferner heißt es noch bei Thukydides [73A]: »Wer aber für höchste Ziele Anfeindung in Kauf nimmt, der ist recht beraten.«** Es gehört sich für einen Freund, auch die gehässigen Reaktionen zu ertragen, die er durch seine freie Meinungsäußerung erregt, wenn es um wichtige Dinge geht, die von weitreichender Bedeutung sind. Hat er dagegen an allem und jedem etwas zu kritisieren und geht mit den Leuten seiner Umgebung nicht wie ein Freund um, sondern

* Aus einem verlorenen Drama *Die Skyrer*. – Thetis, die Mutter Achills, hatte das Orakel erhalten, ihr Sohn werde früh vor Troja sterben. Daher verbarg sie ihn in Mädchenkleidern auf Skyros unter den Töchtern des Königs Lykomedes. Odysseus und Diomedes kamen auf der Suche nach ihm hierher und brachten Frauenschmuck und Waffen herein. Achill griff nach den Waffen, wurde so entdeckt und folgte dann den Griechenführern nach Troja.

** Thukydides 2,64,5. Es spricht Perikles zu den Athenern.

wie ein Schulmeister, dann werden sein Rat und seine Ermahnung bei bedeutenden Angelegenheiten keine Stoßkraft haben und ohne Wirkung sein. Wie ein Arzt, der eine scharfe oder bittere, aber notwendige und teure Arznei bei einer Vielzahl von unbedeutenden Fällen ohne Notwendigkeit verabreicht, so hat er die Essenz seiner Freimütigkeit schon verbraucht. [73B] Der wahre Freund wird also bei sich selbst genau aufpassen, dass er nicht grundsätzlich alles kritisiert. Und wenn da ein anderer ist, der alles bekrittelt und ins Negative zieht, da wird ihm das einen Einstieg bieten, um gewichtigere Verfehlungen des anderen anzusprechen. Ein Mann mit einem Geschwür an der Leber kam zu dem Arzt Philotimos und zeigte ihm seinen vereiterten Finger. Der Arzt sagte: »Bei dir, mein Lieber, geht es nicht um einen wehen Finger!« So kann eine passende Gelegenheit auch dem Freund erlauben, einem anderen, der immer an Kleinigkeiten und unwichtigen Dingen herumkrittelt, einmal zu sagen: »Was geben wir uns hier ab mit Spielereien, Trinken und unnützem Geschwätz? Dieser da, mein Lieber, soll die Hetäre wegschicken, mit der er lebt, oder mit dem Würfelspiel aufhören – dann werden wir einen ansonsten ganz wunderbaren Menschen an ihm haben.« Denn wer in weniger wichtigen Dingen Nachsicht findet, ist eher bereit, dem Freund auch deutliche Worte über wichtigere Angelegenheiten zuzugestehen. [73C] Wer aber ständig nörgelt, bei jeder Gelegenheit bitter und unfreundlich ist, in allem herumschnüffelt und sich in alles einmischt, der ist nicht nur für seine Kinder und seine Brüder, sondern sogar für seine Sklaven unerträglich.*

36. Wenn Euripides sagt, nicht alles am Alter sei schlecht,** so gilt das auch für die Freunde und ihre Neigung zum Fehlverhalten. Man muss sie im Auge haben nicht nur wenn sie Fehler machen, sondern auch wenn sie sich richtig verhalten, und dabei sollten wir wahrhaftig auch gleich bereit sein sie zu loben. Es ist wie mit Eisen, das erst durch die Hitze gedehnt und weich gemacht, dann aber durch die Abkühlung verfestigt und zu Stahl gehärtet wird: So werden die

---

* Ein solcher Mensch ist ein rechter Griesgram und muss sich ändern; ein mildes, menschenfreundliches Verhalten wird für seine Umgebung wie auch für ihn selbst wohltuend sein. So Plutarch, *Wie man den Zorn besiegt* mor. 464A.

** Euripides, *Phoenissen* 528.

Freunde erst entspannt und erwärmt durch das Lob und bekommen dann nach und nach eine Abkühlung durch die Ermahnung. [73D] Denn nun ergibt sich die Gelegenheit zu sagen: »Lässt sich dein jetziges Verhalten mit deinem früheren vergleichen? Siehst du, welche Früchte ein ehrenhaftes Tun bringt? Das ist's, was wir, deine Freunde, von dir fordern, das entspricht deinem Selbst, dafür bist du geschaffen! Das andere aber musst du weit von dir wegwerfen –

> ...auf ein ödes Gebirge hin
> Oder hinab in die Wogen des weitaufrauschenden Meeres.*

Wie ein verständiger Arzt lieber durch Schlaf und Diät die Krankheit eines Patienten heilen möchte als mit bitteren und scharf wirkenden Arzneien,** so wendet auch ein wohlwollender Freund, ein guter Vater und ein Lehrer zur Besserung des Charakters lieber Lob als Tadel an. [73E] Das ist es ja, wodurch man beim Tadeln am wenigsten verletzt und am meisten nützt, wenn man diejenigen, die Fehler gemacht haben, ohne Erbitterung und mit Milde und Freundlichkeit behandelt. Wenn der Freund seine Fehler ableugnet, darf man nicht mit Härte darauf bestehen oder ihn daran hindern, sich zu rechtfertigen. Man sollte ihm vielmehr sogar dabei helfen, irgendwelche annehmbaren Entschuldigungsgründe beizubringen und von dem minderwertigeren Motiv abzurücken und ihm ein erträglicheres an die Hand zu geben. So macht es Hektor, als er zu seinem Bruder [Paris] spricht:***

> Heilloser, nicht recht ist es, dass du solchen Groll hast im Herzen!

Er stellt es so dar, als ob sich dieser nicht in schimpflicher Flucht oder aus Feigheit aus der Schlacht zurückgezogen habe, sondern weil er einen Grund zum Groll habe. [73F] So macht es auch Nestor bei Agamemnon:

---

* Homer, *Ilias* 6,347.

** Kastorion: stark riechende Essenz aus den Eingeweiden des Bibers, Skamonia: Pflanze, aus deren Wurzel ein abführender Saft gewonnen wurde.

*** Homer, *Ilias* 6,326.

> Du hast deinem hochgemuten Sinne nachgegeben.*

Es wirkt mehr auf die Gesinnung ein, meine ich, wenn man nicht sagt: »Du hast Unrecht getan, du hast schändlich gehandelt« – sondern: »Du hast dir das nicht klar gemacht«, und: »Du hast das wohl gar nicht gewusst«. Besser sagt man auch: »Lass dich doch nicht immer auf einen Wettstreit mit deinem Bruder ein« als: »Sei nicht neidisch auf deinen Bruder!« Und eher: »Befreie dich von den Verführungskünsten dieser Frau« als: [74A] »Hör auf, diese Frau zu verführen!« Das ist die Vorgehensweise der heilenden Freimütigkeit; die aktive aber, [die präventiv wirken will,] geht den entgegengesetzten Weg. Denn wenn man jemand von verkehrtem Handeln abbringen oder einem, den eine fatale Neigung mit Gewalt fortreißt, einen kräftigen Impuls entgegensetzen will, oder auch solche, denen es an Schwung und Energie zum Guten mangelt, aufmuntern und antreiben will, dann muss man auch einmal mit ganz unglaubwürdigen oder unangemessenen Motiven argumentieren. So macht es Odysseus bei Sophokles,** als er Achilleus aufstacheln will: Er sei nicht des Gastmahls wegen unwillig, sondern, sagt er:

> Schon da sich Trojas Feste deinen Augen zeigte,
> gerietest du in Furcht!

[74B] Und wieder als darauf Achilleus noch mehr aufgebracht ist und erklärt, er wolle heimsegeln, da sagt Odysseus:

> Ich weiß, wovor du fliehen willst; es ist nicht die Beschimpfung,
> sondern Hektor ist nahe – da ist's nicht gut zu bleiben.

So kann man einem Mutigen und Kühnen Feigheit vorwerfen, dem Mäßigen und Anständigen Maßlosigkeit, einem freien und großzügigen Geist Kleinlichkeit und Geiz und sie so aufstören und zum Guten antreiben und vom Schlechten abhalten. Solchen gegenüber, bei denen kein Mittel hilft, müssen wir Mäßigung walten lassen und bei unserer Freimütigkeit eher Bedauern und Mitleid zeigen als Tadel aussprechen. [74C] Wo aber falsches Tun zu verhindern, wo ge-

---

* Homer, *Ilias* 9,109 »… und du hast damit Achilleus entehrt«.

** Aus einem verlorenen Drama des Sophokles.

gen Leidenschaften anzukämpfen ist, da muss man hart, unerbittlich und unverdrossen sein. Das ist der rechte Zeitpunkt für eine resolute freundschaftliche Haltung und echten Freimut.

Man sieht ja, wie auch Feinde einander ihre Taten vorwerfen, und so sagte Diogenes, wenn man sich heil durchbringen wollte, müsste man gute Freunde haben, oder aber hitzige Feinde.* Die einen belehren uns, die anderen halten uns unsere Fehler vor. Noch besser ist es, sich vor falschem Tun zu hüten und guten Rat anzunehmen, als nachher seine Fehler vorgehalten zu bekommen und sie bereuen zu müssen.

Deshalb muss man auch und gerade bei der Freimütigkeit kunstgerecht zu Werke gehen, ist sie doch das stärkste und wirksamste Heilmittel bei der Freundschaft, [74D] wobei aber stets auf den geeigneten Zeitpunkt und die richtige Mischung zu achten ist.

37. Und da, wie zuvor ausgeführt, freimütige Rede und Kritik, ihrem Wesen entsprechend, für den Betreffenden oft verletzend wirken, sollten wir es machen wie die Ärzte: Wenn sie eine Operation vornehmen, lassen sie den Teil, an dem sie geschnitten haben, nicht unversorgt und schmerzend zurück, sondern behandeln ihn mit lindernden Salben und Umschlägen. So machen sich taktvolle Kritiker nicht gleich davon, nachdem sie ihre herbe und bittere Medizin verabreicht haben, sondern sie bleiben noch und wirken durch ein weiteres Gespräch in freundlichem Ton mildernd und besänftigend.

So machen es auch die Bildhauer: Sie glätten und polieren die Teile der Statuen, die sie vorher ausgehauen und ausgemeißelt haben. [74E] Wenn jemand durch eine harte und deutliche Kritik tief getroffen und erbittert ist, und man lässt ihn dann allein in seinem verletzten Zustand, dann wird er sich in seinem Groll verhärten und sich nachher unzugänglich zeigen und schwer zu besänftigen sein.

---

* Auch in Plutarch, *Über den Fortschritt in der Tugend* mor. 82A–B.

Hierauf sollten alle, die jemand durch Kritik zurechtweisen, ganz besonders achten: Sie sollten sich niemals brüsk abwenden, und am Ende ihres Gesprächs darf niemals etwas stehen, das den anderen kränkt und reizt.

Literaturverzeichnis

Die Übersetzung folgt dem griechischen Text in:

Plutarchi *Moralia*. Rec. et em. W. R. Paton/I. Wegehaupt/M. Pohlenz, cur. H. Gärtner. Bd. I. Bibliotheca Scriptorum Graecorum et Romanorum Teubneriana, Leipzig 1925, 2. Aufl. 1974.

Eingesehen wurde auch:

Plutarch's *Moralia* in Fifteen Volumes. Bde. I und II. Hrsg. mit engl. Übers. von Frank Cole Babbitt. Cambridge (Mass.)/London: Harvard University Press 1927/28. (Loeb Classical Library Nr. 197/222).

Übersetzungen:

Plutarch *Moralia* Bd. 1: Nach der Übers. von Osiander-Schwab hrsg. von Chr. Weise und M. Vogel. Wiesbaden (Marix) 2012: Wie man den Schmeichler vom Freund unterscheiden könne – Wie man von seinen Feinden Nutzen ziehen könne – Über die Menge der Freunde. S. 96–134; 152–161; 162–168.

Plutarch Essays. How to Distinguish a Flatterer from a Friend. Engl. Übers. von R. Waterfield sowie Einleit. und Anm. von I. Kidd. London u. a.: Penguin 1992, S. 51–112.

Weitere Plutarch-Texte in Übersetzung von M. Giebel:

Plutarch: Alexander. Stuttgart (Reclam) 2014.

Plutarch: Caesar. Stuttgart (Reclam) 2015.

Plutarch: Die Kunst zu leben. Frankfurt a. M. (Insel TB) 2000 [u. ö.] (Darin: Über die Seelenruhe; Über die Schwatzhaftigkeit; Gesundheitsregeln; Ratschläge für die Ehe; Trostbrief an die Gattin; Über Kindererziehung; Das Gastmahl der Sieben Weisen).

In der Reihe »Was bedeutet das alles?« (Reclam) liegt von M. Giebel vor:

Plutarch: Darf man Tiere essen? 2015.

Plutarch: Glücklichsein. 2018.

Plutarch: Arbeiten im Alter? 2019.

Plutarch: Wie man den Zorn besiegt. 2023.

Plutarch von Chaironeia: Moralphilosophische Schriften. Ausgewählt, übers. u. hrsg. von H.-J. Klauck. Stuttgart (Reclam) 1997.

Plutarch: Ist »Lebe im Verborgenen« eine gute Lebensregel? Eingel., übers. u. interpret. von U. Berner, R. Feldmeier, B.Heininger und R. Hirsch-Luipold. SAPERE Bd. 1. Darmstadt 2001.

Plutarch: Drei religionsphilosophische Schriften: Über den Aberglauben – Über die späte Strafe der Gottheit – Über Isis und Osiris. Gr.-dt. übers. u. hrsg. von H. Görgemanns unter Mitarb. von R. Feldmeier u. J. Assmann. Düsseldorf/Zürich 2003.

Zu Plutarch und seiner Lebens- und Geisteswelt:

Barrow, R. H.: Plutarch and his Times. London 1967.

Betz, H. D. (Hrsg.): Plutarchs Ethical Writings and Early Christian Literature. Leiden 1978.

Foucault, M.: Die Sorge um sich. Frankfurt a. M. 1986.

Görgemanns, H. (Hrsg.): Die griechische Literatur in Text und Darstellung. Bd. 5: Kaiserzeit. Stuttgart (Reclam) 1988, S. 112-133.

Hadot, P.: Philosophie als Lebensform. Geistige Übungen in der Antike. Berlin 1991.

Hirsch-Luipold, R.: Plutarchs Denken in Bildern. Tübingen 2002 (Studien und Texte zu Antike und Christentum Bd. 14).

Ingenkamp, H. G.: Plutarchs Schriften über die Heilung der Seele. Göttingen 1971.

Jones, C. P.: Plutarch and Rome. Oxford 1971.

Lesky, A.: Geschichte der griechischen Literatur. Bern-München [2]1963, S. 875-884. (Mit Gesamtübersicht aller Schriften der *Moralia* auf S. 882ff.; auch in Der Neue Pauly Bd. 9, Sp. 1167-1170).

Mossmann, J. (Hrsg.): Plutarch and his Intellectual World. London 1997.

Mühleisen, H.-O.: Plutarch: »Wie man den Freund vom Schmeichler unterscheidet«., in: H. V. Geppert (Hrsg.): Große Werke der Weltliteratur, Bd. VI, Tübingen/Basel 1999 (hier Hinweis auf Erasmus von Rotterdam und seine lateinische Übersetzung von Plutarchs Schrift: De adulatore et amico, 1514, mit der Widmung an Heinrich VIII, 1520).

Paulsen, Th.: Geschichte der griechischen Literatur. Stuttgart 2005, S. 392-401.

Roskam, G./Van der Stockt, L.: Virtues for the People. Aspects of Plutarchan Ethics, Leuven 2011 (mit ausführlicher Bibliographie).

Russell, D. A.: Plutarch. London 1973 (ND 2001).

Stadter, P. A.: Plutarch and his Roman Readers. Oxford 2015.

Stadter, P. A./Van der Stockt, L. (Hrsgg.): Sage and Emperor: Plutarch, Greek Intellectuals, and Roman Power in the Time of Trajan (98-117 A.D.). Leuven 2002.

Van der Stockt, L.(Hrsg.): Plutarchea Lovaniensia. A Miscellany of Essays on Plutarch. Leuven 1996.

Ziegler, K.: Plutarchos von Chaironeia. In: dtv Der Kleine Pauly Bd. 4 Sp. 945-953. München 1975/1979. (Neudruck des Artikels aus Paulys Real-Encyclopädie der classischen Altertumswissenschaft).

Zu DL = Diogenes Laertios: Leben und Lehre der Philosophen. Aus dem Griechischen übers. u. hrsg. von Fritz Jürß. Stuttgart (Reclam) 1998.